5차원
부모교육혁명

5차원 부모 교육 혁명

부모의 겸손과 믿음이 아이의 수용성을 극대화시킨다

개정판 1쇄 발행 2015년 10월 15일

지은이 원동연
펴낸이 김현정
펴낸곳 도서출판리수

기획 및 편집 책임 김현주

등록 제4-389호(2000년 1월 13일)
주소 서울시 성동구 행당로 6길 76 한진노변상가 110호
전화 2299-3703
팩스 2282-3152
홈페이지 www.risu.co.kr
이메일 risubook@hanmail.net

ⓒ 2015. 원동연

ISBN 979-11-86274-04-0 03370
※책값은 뒤표지에 있습니다.
※잘못 제본된 책은 바꾸어 드립니다.

※이 도서의 국립중앙도서관 출판시도서목록(CIP)은 서지정보유통지원시스템 홈페이지(http://seoji.nl.go.kr)와
  국가자료공동목록시스템(http://www.nl.go.kr/kolisnet)에서 이용하실 수 있습니다.
  (CIP제어번호 : CIP2015025869)

부모의 겸손과 믿음이 아이의 수용성을 극대화시킨다

5차원
부모교육혁명

원동연 지음

리수

우리 아이들이 행복해지길 원하십니까? 그러면 어떤 것이 행복일까요? 행복이란 그 무엇인가 때문에 나 자신이 만족하고 평화롭게 살 수 있는 것입니다.

그 무엇은 사람마다 다른 것 같습니다. 어떤 사람은 돈이나 명예 혹은 지식 등이고, 또 어떤 사람은 심오한 사상, 선행, 봉사 등을 이야기합니다. 모두 좋습니다. 그런데 여기에는 2가지 함정이 있습니다.

이 좋은 것들을 얻기 위해서 모두가 열심히 행하지만 실제로 그것을 얻는 사람들은 그리 많지 않습니다. 그래서 행복한 사람이 별로 없는 것입니다.

어떤 사람들은 그 좋다는 것을 얻었는데도 그보다 더 큰 것을 가지겠다는 마음 때문에 불만에 차서 살아갑니다. 그래서 행복한 사람을 보기가 더 어렵습니다. 지금 나의 상황에 만족하지 못해서 불행한 사람보다 더 많은 것을 가졌는데도 행복을 느끼지 못하는 사람은 어쩌면 더 불행한 사람일 것입니다.

그러면 우리는 어떻게 행복해질 수 있을까요?

그것은 우리가 좋은 상태에 있건 좋지 않은 상태에 있건 상관없습니다. 어떤 상태에 있더라도 생길 수 있는 문제점들을 극복하고, 어떤 환경에서도 평안함을 누릴 수 있는 힘을 가져야만 가능합니다.

그래서 우리는 더 좋은 것을 얻기 위해 열심히 행하는 것이 아니라, 어떤 어려움이 있더라도 이것을 이겨낼 수 있는 힘을 기르기 위해 열심히 행할 때에 우리 자신과 아이들이 행복해질 수 있습니다.

이 책에서는 우리 인생에서 부딪히는 수많은 어려움 속에서도 즉 공부를 잘하거나 못하거나 상관없이, 돈을 많이 가졌거나 못 가졌거나, 몸이 건강하거나 그렇지 못하거나, 남들보다 인기가 많거나 적거나 상관없이 이를 극복하고 자신 속에서 진정한 평강을 얻고 행복해질 수 있는 방법을 전합니다.

이 방법의 핵심은 '수용성'입니다. 아무리 좋은 방법이 주어져도 받아들이지 못한다면 소용이 없습니다. 자녀의 수용성을 기르기 위해서 그 무엇보다 중요한 것은 부모의 역할입니다. 부모의 사랑은 위대하지만, 자녀 앞에서 한결같이 겸손하고, 또 끝까지 믿어주기란 말처럼 쉽지 않은 것이 문제입니다.

우리 아이들이 행복해지기를 원하십니까?

그렇다면 무엇이 겸손이고 믿음인지 알아야 합니다. 그리고 실천해야 합니다. 자녀의 행복을 위해 5차원 학부모 교육과 함께하는 길은 분명 부모도 함께 성장하는 장이 될 것입니다.

원동연

밭을 바꾸는 수용성 교육이다

공부를 잘 가르쳐준다고 해서 모두 잘할 수 있는 것이 아니다. 아무리 좋은 것을 주어도 받을 수 있는 능력이 없으면 소용이 없다.

가르침(Teaching)과 배움(Learning) 사이에는 간격이 있고 이를 극복하기 위해서는 '왜 제대로 받아들일 수 없는지' 그 원인을 찾아 해결할 능력을 주어야만 한다. 즉 배움(Learning)의 능력, 즉 수용성을 키워주는 것이 근본적인 해결이다.

밭에 좋은 씨앗을 뿌리면 좋은 열매를 맺는 것이 당연하지만 반드시 그런 것만은 아니다. 어떤 농부가 밭에 좋은 씨를 뿌렸는데 좋은 열매를 맺지 못했다. 돌도 많고 잡초가 무성한 좋지 못한 밭이었기 때문이다. 좋은 열매를 맺으려면 씨앗을 뿌리기에 앞서 밭의 상태를 개선시키는 김매기를 해야 한다.

인간의 교육도 마찬가지이다. 인간이 변화되기 위해서는 좋은 가르침을 주는 것도 중요하지만, 이에 못지않게 가르침이 제대로 뿌리내릴 수 있도록 장애물들을 제거하여 수용성을 원활하게 하도록 배움의 밭을 바꿔주는 교육을 해야 한다.

수용성을 망치는 5가지 요소

그간 교육 현장을 통해 가르침을 잘 받아들이기 위한 5가지의 근본적 요인이 마음(heart), 지혜(understanding), 몸의 힘(strength), 자신을 관리할 수 있는 힘(self-management), 그리고 인간관계(relationships)임을 알게 되었다. 이 다섯 가지 요소 중에서 어느 하나라도 부족하면 가르침을 잘 수용할 수 없다.

마음(심력)이 깨진 사람은 좋은 교육을 받아들이지 못한다. 몸(체력)이 활성화되지 않아 공부만 시작되면 졸기 바쁜 사람도 열매를 얻기 어렵다. 좋은 공부 방법(지력)을 알지 못하면 아무리 열심히 공부해도 좋은 결과를 내지 못한다. 자신을 잘 관리하지 못하는 사람은 머리가 좋아도 그것을 실력으로 표출해내기 쉽지 않다. 가장 마음 아픈, 다섯 번째의 원인인 인간관계를 회복할 수 있는 능력이 약한 사람 역시 실력 있는 사람이 되기 어렵다. 선생님이나 부모가 미운 학생은 열심히 하라는 그들의 말 때문에 엇나가는 경우가 이에 해당된다.

수용성을 키워주는 5차원전면교육

우리는 교육을 함에 있어 제도의 문제점, 교육환경 등의 문제를 지적한다. 하지만 본질적인 교육의 문제는 우리 세대와 다음 세대 간에 존재하는 지력, 심력, 체력, 자기관리능력, 인간관계력 등의 문제점을 해결해나갈 능력의 부재이다.

5차원전면교육은 이 같은 5가지의 문제를 해결하여 수용성을 키워 진정 실력 있는 사람으로 기를 수 있는 구체적인 해결방안이 되어줄 것이다. 이제 우리의 교육은 지적인 면에만 치중할 것이 아니라, 인간의 다섯 가지 요소들을 전반적으로 키워야 한다. 이를 통해 진리 안에서 개개인이 갖고 있는 달란트를 최대한으로 계발시키고 발휘할 수 있도록 도와서, 개인의 성공을 넘어 이웃을 사랑하고 봉사할 수 있는 리더로 키워야 한다.

이를 위해 본질을 보고 구체화함으로 참과 거짓을 구별하게 해주는 지력, 지식을 내면화하여 보이지 않는 세계를 보는 힘을 갖도록 하는 심력, 참을 실행시킬 수 있는 체력, 에너지를 가치 있는 곳에 분포시킬 수 있도록 하는 자기관리능력, 남을 섬기고 봉사할 수 있는 공동체 의식을 줄 수 있는 인간관계력을 키울 수 있는 교육을 시행해야만 한다.

여러 개의 나무조각으로 만들어진 물통에서 나무조각이 하나라도 일부분이 부러져 버리면, 아무리 많은 물을 부어도 부러진 나무조각까지만 채워진다. 다시 말하면 물은 물통을 이루고 있는 나무조각의 최소 높이까지만 채워지는 것이다.

인간의 교육에 있어서도 같은 원리가 적용된다. 인간도 지력, 심력, 체력, 자기관리 능력, 인간관계 등 다양한 요소로 구성되어 있는데, 이 가운데 어느 한 가지가 약하면 그것으로 끝나는 것이 아니라, 다른 것들도 영향을 받아서 인간 전체의 능력을 제약시킨다. 그러므로 어떤 사람의 능력을 최대로 발휘시키려면 그 사람의 한 부분만을 발전시키는 것이 아니라 인간의 구성요소들을 전면적으로 발전시킬 수 있는 다면적 교육이 필수적이다.

다이아몬드칼라를 꿈꾸며

인간이 가지고 있는 본질적인 5가지 전인격적 요소들을 전면적으로 개발하여, 올바른 세계관을 형성하고 전인격적 인성의 회복을 통하여 자신의 달란트를 최대한 발휘하고 남을 섬길 수 있는 다이아몬드칼라 인재를 양성해야 한다.

심력, 지력, 체력, 자기관리력, 인간관계력 등 인간을 구성하고 있는 5가지 요소들을 전면적으로 발휘하여 자신의 달란트를 최대한 발휘할 수 있는 사람, 이를 통해 함께하는 사람의 성장까지 도울 수 있는 사람, 이런 사람이 바로 '다이아몬드칼라'이며, 진정한 지도력을 발휘하여 이 사회를 주도해가리라 생각한다.

지력	참과 거짓을 구별할 수 있는 능력 창조적 지성 정립
심력	지식을 내면화하여 보이지 않는 세계를 볼 수 있는 능력 전인적 사고 정립
체력	참을 실행할 수 있는 능력 융합적 사고 정립
자기관리능력	내가 가진 에너지를 바른 곳에 분포하는 능력 바른 세계관 정립
인간관계능력	나 자신을 넘어서 보편적 인류를 사랑할 수 있는 능력 글로벌 사고체계 정립

● 차례 ●

머리말 4

프롤로그 6

 1부. 관계가 제일 중요하다

1. 관계를 잃으면 모든 것을 잃는 것이다   19

　사랑하는데 왜 화가 날까 19

　최선을 다하는 부모가 더 문제다 20

　아이의 마음이 먼저다 23

　사례 아이의 마음을 알게 되었습니다 24

　심력 키우기 아이의 마음을 열어주는 3분 묵상 27

2. 사랑받을수록 고통스러워하는 아이들   29

　누구를 위한 사랑인가 29

　부모의 사랑, 그 모순의 시작을 알아야 한다 30

　상처를 갖고 있는 부모 32

3. 상처 주지 않고 사랑할 수 있다   34

　대화하다보면 꼭 아이에게 상처를 주게 된다 34

먼저 나의 우월감과 열등감을 알자 36

자기관리력 키우기 우월감·열등감 극복하기 39

자기관리력 키우기 나의 특질 찾기 41

자기관리력 키우기 자녀와 배우자의 특질 찾기 45

4. 내 안에 숨어 있는 관계 회복의 묘약 48

나의 오만을 자각하라 48

진정 사랑한다면, 먼저 겸손하라 50

사랑한다면 끝까지 믿어주라 51

인간관계력 키우기 자녀를 존중하는 한줄편지 쓰기 54

 2부. 말로 하지 마라, 부모가 꾸준히 행하라

1. 사람은 절대 교훈으로 바르게 되지 않는다 57

'해라, 해라' 말해서 하는 사람은 없다 57

말해서 안 되는 것이 아니라, 말만 하기 때문에 안 된다 59

2. 이 세상에 빨리 성장하는 것은 없다 62

빠른 성장은 욕심이다 62

어느 순간 급성장한다 64

성장을 막는 세 가지 패턴 66

조급함을 버리자, 우주적인 속도에 맞게 성장해야 한다 68

3. 보이지 않는 것이 진정한 가치다 70

보이는 것만을 신뢰하는 자, 본질을 놓치기 쉽다 70

우리는 왜 본질에 다가가기 어려운가 71

바른 세계관을 세우자 73

그냥 아는 것과 본질을 아는 것과의 차이 74

지력 키우기 본질에 다가가기, 질문학습법 76

직접 해보기 질문학습법 78

4. 공부만 해서는 절대 공부를 잘할 수 없다 79

좌뇌 중심의 교육이 지력 성장을 막는다 79

성적 그 이상의 파워, 정서력 81

실력은 최소량의 법칙에 따라 발휘된다 82

심력 키우기 정서력을 높이기 위한 하루 15분 84

5. 자유에너지를 찾아 가치 있는 일을 하라 85

자기관리력 키우기 나의 시간관리 능력 알아보기 87

3부. 자녀는 부모의 믿음과 사랑대로 자란다

1. **아이들은 꿈꾸는 자를 보고 꿈을 꾼다**　95

　부모인 나의 꿈은 무엇인가　95

　어떤 꿈이 좋은 꿈인가　97

　심력 키우기　일생고공표를 통해 삶의 목표 확립하기　100

2. **우리 아이도 변화될 수 있을까?**　105

　부모가 먼저 변해야 한다　105

　끝까지 믿어주어라　106

　부모는 실력자를 길러낼 수 있다　109

3. **매일 조금씩 천천히**　111

　실행력을 키우자　111

　실행력 키우기　하루 30분 매일 조금씩 천천히　113

　예시　하루 30분 매일 조금씩 천천히　115

　직접 해보기　하루 30분 매일 조금씩 천천히　117

4. **진정한 변화에는 고통과 인내가 수반된다**　119

4부. 행복을 꿈꾼다면 행복한 교육을

1. 성적은 실력이 아니다 125

　보이지 않는 가치가 실력이다 125

　변화의 도구가 실력이다 129

2. 패러다임의 변화가 필요하다 131

　첫째, 올바른 방법이어야 한다 131

　둘째, 전면적 접근이어야 한다 132

　셋째, 구체적인 커리큘럼이 있어야 한다 136

　지력을 키우는 5가지 커리큘럼 138

　심력을 키우는 5가지 커리큘럼 139

　체력을 키우는 5가지 커리큘럼 140

　자기관리력을 키우는 5가지 커리큘럼 141

　인간관계력을 키우는 5가지 커리큘럼 142

3. 전인격적 인성을 회복하라 144

　빡빡한 계획표로는 성취감을 얻을 수 없다 144

　전인격적 인성을 바꾸어주는 것이 진정한 자기주도 145

부록

5차원전면교육의 발자취 148

적용사례 5차원 글로벌 창의 & 융합 아카데미 152

적용사례 디아글로벌학교 156

1부

관계가 제일 중요하다

1. 관계를 잃으면 모든 것을 잃는 것이다

사랑하는데 왜 화가 날까

예나 지금이나 자녀에 대한 부모의 사랑에는 변함이 없다. 오히려 관심과 표현이 더 커지면 커졌지 절대로 작아지지는 않았다. 그런데 그 사랑 앞에서 아이들은 감사보다는 원망을 키워간다. 물도 사랑의 말을 들으면 예쁜 결정체를 만들어낸다고 하는데 왜 우리 아이들은 사랑하면 할수록 돌아오는 말에 가시가 돋고, 마음이 그토록 깨져버린 것일까? 이렇게 부모와 자식 간의 관계가 틀어진 데에는 아이러니하게도 우리 아이들이 더욱 행복하게 살았으면 좋겠다는 소망이 자리잡고 있다.

대한민국의 부모 중에서 자녀들의 공부에 관심 없는 사람은 드물다. 공부가 성공의 기본이라고 생각하며, 성공이 행복을 보장한다고 여기기 때문이다. 자녀에게 교육을 잘 시키는 것을 부모의 가장 큰 의무라 생각하고 교육에 몰입하다보니, 학습이 부모와 자녀 사이의 모든 기준이 되어버렸다.

부모는 자녀의 행복을 위해 학습의 기대치를 정하고 자녀가 무조건 따라주기를 바라지만, 이 둘의 박자가 맞을 때보다는 맞지 않을 때가 많다. 사람은 자신이 정한 목표에 도달했을 때 성취감을 맛본다. 하지만 당사자가 아닌 남이 정해놓은 목표치는 열심히 노력해서 도달했다 하더라도 성취감을 주지 못한다. 그렇기 때문에 부모가 정해놓은 목표치를 위해 자녀가 노력하기란 한계가 있을 수밖에 없으며, 목표에 도달하는 것도 성취감을 맛본다는 것도 참으로 어려울 수밖에 없다.

자녀의 공부를 위한 뒷바라지가 곧 사랑의 표현이 되어버린 지금, 부모의 뜻에 제대로 따라주지 않는 아이는 그야말로 배은망덕한 존재로 전락한다. 그럼에도 불구하고 자녀 사랑은 포기할 수 없기에 잔소리와 화로 표출되곤 한다. 사랑하는데 화를 내고, 사랑받는데 미워하는 부모와 자녀 관계, 꼭 이런 식으로 진행되어야 할까?

최선을 다하는 부모가 더 문제다

요즘 아이들의 학습량은 참으로 어마어마하다. 중고등학생은 말할 것도 없고, 초등학생과 유아, 심지어 뱃속의 태아를 두고도 공부에 열중이다.

상식적으로 생각하면 이렇게 공부를 열심히 하면 모두 실력자가 되어야 한다. 그런데 우리의 현실은 그렇지 않다. 대략 25% 정도는 잘하지만, 그렇지 못한 아이들이 75%이다. 만약 내 아이가 안타깝게도 75%에 해당한다면 우리는 어떻게 하는가? 사랑하니까, 포기할 수 없으니까 더 좋은 방법을 찾아 더 열심히 시킨다. 그런데 안타까운 것은 그렇게 해도 못하는 아이가 잘하게 되는 경우는 드물다는 것이다. 이유는 간단하다.

예를 하나 들어보자. 어떤 농부가 좋은 씨앗을 구하여 밭에 뿌렸다. 그런데 좋은 열매가 열리기는커녕 싹도 틔우기 어려웠다. 농부가 살펴보니 밭의 상태가 문제였다. 자갈도 많고 잡풀도 많고 영양가도 부족했다. 이럴 때 농부라면 어떻게 할까? 더 좋은 씨앗을 구하여 더 많이 뿌릴까? 물론 그렇게 하는 농부는 없다. 그런데 그렇게 하는 사람이 있다. 바로 부모들이다. 밭 상태가 엉망일 때 씨앗을 잔뜩 뿌려봤자 씨앗만 썩을 뿐인데, 우리는 그 방법을 선택하고서 '나는 최선을 다했는데…' 하며 밭을 원망해댄다.

이럴 때 농부라면 이렇게 할 것이다. 씨앗이 자라는 데 방해가 되는 장애물을 없애줄 것이다. 자갈을 없애고 잡풀을 뽑고 거름을 주어서 밭 상태를 회복시킨 후에 씨앗을 뿌리는 지극히 상식적인 방법을 택할 것이다.

그런데 우리 부모들은 씨앗만 잔뜩 뿌려놓고, 잘 안 됐다고 밭을 탓하곤 한다. 게다가 밭 상태는 고려하지도 않고 더 많은 씨앗, 더 좋은 씨앗을 뿌린다. 새로운 학습지, 과외, 학원을 바꾸거나 추가하는 것이다. 자식에게 쓰는 돈은 하나도 아깝지 않다고 생각하지만, 그것도 결과가 좋았을 때의 일이고, 기대에 못 미치면 본전 생각도 나고 속이 더욱 쓰려온다. 사랑하기 때문에 그렇게 열심히 뒷바라지 했건만, 결과적으로는 아이 면전에서 원망을 쏟아붓는 부모가 되어버렸다. 아이들에게 부모의 사랑은 자식을 원망하는 모습으로 기억되고 있다.

강연에 참석한 부모들에게 자녀들과 있을 때 미웠던 적이 있는지, 그리고 어느 정도로 미운지를 물어보곤 한다. 그러면 '때리고 싶을 정도로 밉다.' '꼴도 보기 싫다.'고 답한다. 그렇다면 아이들은 부모가 안 미울까? 아이들은 어느 정도로 밉다고 말할까? 아이들은 이렇게 말한다.

"엄마가(아빠가) 죽어 없어져버렸으면 좋겠다."라고.

부모들에게 해주고 싶은 이야기가 하나 있다. 어떤 사람 둘이 원수지

21

간이 되었다. 그래서 어떻게 해서든지 마주치지 않으려고 애를 쓰며 살았는데, 어느 날 외나무다리에서 딱 만난 것이다. 그래서 부딪치지 않으려고 안간힘을 쓰며 건너가는데 원수가 나에게 가까이 다가오는 것이다. 그러더니 내 귀에 대고 이런 말을 하는 것이 아닌가.

"너, 공부 열심히 해야 한다!"

놀라셨는가? 바로 우리 이야기다. 그러면 "공부 열심히 해라"라는 말을 들은 아이는 어떻게 하겠는가? 절대로 공부하지 않는 것으로 원수를 갚는다.

우리는 자녀의 성적을 걱정하기에 앞서 부모와 자식 사이가 얼마나 깨어져 있는지를 생각해보아야 한다. 자녀가 진정으로 실력 있는 사람으로 성장하기를 원한다면, 그리고 자녀를 진정으로 사랑한다면, 더 이상 상처를 주어서는 안 된다.

우리는 씨앗이 잘 자랄 수 있도록 밭을 회복시켜주지도 않으면서 밭만 탓하는 어리석은 농부였다. 자녀들이 부모에게 등을 돌리는 것은 당연한 결과다. 자녀와의 관계가 깨지면 부모의 사랑이 자녀에게 다가갈 수 없다. 오히려 그 사랑 때문에 더 어긋난 길을 선택할 수도 있다.

나는 '부모와 관계가 좋은 자녀'를 보면 자녀를 잘 키웠다고 생각한다. 부모와 관계가 좋다면 부모의 뜻을 잘 받아들였을 것이고, 그 이전에 부모의 뜻이 자녀에게도 통할 만큼 합당한 것일 확률이 높다.

부모의 생각이 아무리 바르고 그 사랑이 아무리 크다 해도, 자녀가 받아들이지 않으면 아무 소용이 없다. 관계를 잃으면 모든 것을 잃는 것과 같다. 자녀가 성공하기를 바라는 열망에 사로잡혔다가 도리어 가장 중요한 관계를 잃어버리는 것도 모르는 것이 우리의 모습이다.

아이의 마음이 먼저다

부모는 아이가 학교를 다녀와서 가방 내려놓는 소리만으로도 아이의 마음을 읽을 수 있을 정도로 민감해야 한다. 그런데 우리는 어떤가. 아이가 학교에서 돌아오자마자 가방을 쾅 내팽겨친다면

"너 오늘 학교에서 무슨 일 있었니?" 하고 물어볼 것이다.

"네, A 때문에 힘들었어요." 하고 답을 한다.

그러면 우리는 이렇게 말한다.

"그래, B 때문에 힘들었구나!"

그러면 아이의 목소리는 당연히 더 커지면서

"아니, 그게 아니라 A 때문이라구요."

그러면 부모가

"아! 그렇구나. C 때문에 그렇구나!"

순간 아이는 문을 쾅 닫고 마음의 문까지 꽁꽁 닫아버리게 된다. 자신의 마음을 제대로 읽어주지 못하는 사람에게 계속 말하고 싶은 사람은 없다.

다음 사례는 아이의 마음을 이해하지 못했던 평범한 부모가 어떻게 아이의 마음을 이해하게 되었는지 과정을 보여준다. "쟤는 저게 문제야." 하면서 늘 화를 내던 엄마였지만, 그것이 아이의 문제가 아닌 아이의 마음을 이해하지 못한 자신의 잘못에서 생긴 오해였음을 깨닫는 과정을 담고 있다.

사례 아이의 마음을 알게 되었습니다

저는 중학교 1학년, 초등 4학년 두 딸의 엄마입니다. 저의 성격과 닮은 둘째와는 달리 첫째는 여러 모로 저와 달라서 부딪치는 일이 많았습니다. 취향도 다르고 성격도 다르다보니, 자꾸 오해하게 되고, 서로 비본질적인 것으로 마음 상하는 일이 잦았어요.

저에게 첫째 아이의 마음을 알 수 있었던 경험은 참으로 소중합니다. 원동연 박사님의 5차원 교육법 중 '심력' 부분을 훈련하는 '3분묵상'을 함께 할 때였습니다. 짧은 글을 함께 읽고, 각자 마음에 와닿는 부분에 줄을 긋고, 왜 그렇게 생각하게 되었는지 이야기를 나누는 방식이었어요.

아버지의 사랑

그날도 남편은 출근하고 애들도 학교에 가서 아무도 없는 텅빈 집에 혼자 남아 한동안 부업으로 해왔던 스탠드에 헝겊 리본 붙이는 일을 하고 있었다. 그런데 언제 오셨는지 인기척도 없이 아버님이 날 지켜보고 계셨다.

"아가, 그게 뭐하는 거고?"

집에 혼자 남아 심심하던 차에 옆집 아주머니의 소개로 일을 시작하게 되었고 쉬엄쉬엄 해도 남편과 애들 용돈 정도는 번다고 아버님께 자세히 말씀을 드렸다. 아버님은 약간 씁쓸한 웃음을 지어 보이시곤 이내 일어나셨다.

그런 일이 있은 지 이틀 후에 웬 커다란 상을 들고 아버님은 다시 찾아오셨다.

"무슨 상이에요, 아버님?" 하고 묻는 나에게,

"어멈아! 너 꾸부리고 일하기 힘들 텐데, 집에서 쓰던 게 있어서 가져왔다. 이 위에다 그것들을 놓고 하면 덜 힘들게야." 하시는 것이었다.

순간, 가슴이 찡하더니 쿡하고 눈물이 나왔다. 상 위에서 일을 하며 그 눈물이 채 마르기도 전에 전화가 왔다.

"애, 어멈아! 네 옷 하나 사려고 하는데…. 영 모르겠다. 네가 한번 와서 골라보렴." 괜찮다고 했는데도 두 번이나 전화를 더 하셨다.

아버님은 자신이 근무하시는 곳에 그 누구도 오는 걸 꺼려하셨기 때문에 여지껏 한번도 가보질 못했었는데 웬일인지 그날은 나를 그쪽으로 오라시는 것이다.

처음 찾아간 아버님의 근무 장소는 아주 좁은 공간이었다. 거기에서 밤을 꼬박 새워야 하는 아버님을 뵈니 왠지 마음이 시리고 무거웠다. 워낙 성실한 탓에 높은 연세에도 그 힘든 아파트 경비를 마다하지 않으시는 아버님.

아버님은 나를 보자마자 손목을 잡고 끌다시피 동네 어귀에 있는 '알뜰 살림 매장'으로 데려가셨다. 그리고 아무 옷이나 골라보라고 하셨다. 하는 수 없이 제일 싼 만 원짜리 스웨터 한 장을 골랐다. 더 좋은 걸 고르라시는데 정말 그럴 수가 없었다. 경비실에 잠깐 들르신 아버님은 언제 사다놓으셨는지 계란이 담겨 있는 상자도 내게 안겨주셨다. 눈물이 났다.

저는 위의 글을 읽고 '어멈아! 너 꾸부리고 일하기 힘들 텐데, 집에서 쓰던 게 있어서 가져왔다.'에 줄을 쳤습니다. 이유는 부모는 이렇게 자신이 힘들어도 자식을 위하여 언제나 마음을 쓴다는 것이 와닿았기 때문입니다. 부모님을 생각해도 그렇고, 저 역시 부모 입장이 되어보니 공감되는 부분이었지요.

아이는 '제일 싼 만 원짜리 스웨터 한 장을 골랐다.'에 줄을 쳤는데, 그 이유를 듣고 저는 깜짝 놀라고 말았습니다. 부모님이 부담될까봐 이렇게 제일 싼 옷으로 고른 것이 마음에 와닿았다는 것이었습니다. 아이와 함께 쇼핑을 하다보면 늘 다투게 되는데, 뚜렷하게 자신이 사고 싶은 것을 말하지 않고, 이것은 이래서 저것은 저래서 안 되겠다며 결정을 미루다 결국은 토라지거나 대충 결정하는 듯 보였기 때문입니다. 저는 그런 미적지근한 모습에 화를 내곤 했었는데, 엄마에게 부담을 줄까봐 염려하는 마음 때문이었다고 생각하니 마음이 아파왔습니다.

이렇게 여러 차례 3분 묵상을 함께 하면서 아이의 마음을 이해하게 되었고, 아이의 말과 행동에 화가 나는 일이 줄었습니다. 자연히 딸과의 관계가 화기애애해졌지요. 삐걱거리던 관계의 단초는 제가 아이를 이해하지 못한 것에 있었습니다. 결국은 아이 때문이 아니라 저 자신 때문이었음을 깨닫게 되었습니다.

아이의 마음을 열어주는 3분 묵상

1단계 - 관찰하기

　　　2분 이내에 읽을 수 있는 좋은 글감을 같은 걸로 두 개를 준비하여 각자 읽는다.

2단계 - 느낀 점 적기

　　　각자 마음에 와닿는 문장이나 단어에 밑줄을 치고, 그 이유를 쓴다.

3단계 - 적용하기

　　　느낀 점과 관련하여 24시간 안에 실천할 수 있는 것을 한 가지씩 적는다.

4단계 - 나누기

　　　2, 3단계에서 작성한 내용을 서로 발표한다.

5단계 - 칭찬해주기

　　　상대방 발표를 듣고 잘한 점을 찾아 칭찬해준다.

　　자녀와 함께 하는 3분 묵상은 자녀의 마음을 들여다볼 수 있다는 점에서 소중한 경험이 되어줄 것이다. 그 과정을 통해 지금까지 감지하지 못했던 전혀 새로운 면을 알게 되기도 한다. 짧은 글을 함께 읽어내려가면서 작은 감정을 느껴보고 공유한다는 것은 어쩌면 작은 실천이지만, 여기에는 생각보다 큰 의미가 있다.

　　3분 묵상을 훈련하는 주된 목표는 반응력을 키워서 마음의 힘(심력)을 극대화하는 데에 있다. 반응력이란 외부 자극에 대해 적절하게 반응할 수 있는 힘을 말한다. 그러나 요즘 우리를 둘러싼 환경이 너무 말초적이고 자극적이다 보니 슬픈 것을 보고도, 기쁜 것을 접해도 왠만해서는 적절하게 반응하지 못한다.

영어 단어 'responsibility(책임)'는 'response(반응)와 ability(능력)'가 합성된 단어로 책임감이 반응력과 관계가 있다는 걸 보여준다. 실제로 반응력이 없는 사람은 책임감도 약하다. 이웃의 슬픈 상황을 보고도 아파할 수 없는 사람은 돕는다는 것을 생각조차 할 수 없다. 가족에 대해, 이웃에 대해, 국가에 대해 민감성이 있는 사람만이 깊은 관심을 가질 수도 있고, 또 문제가 있을 때에는 적극적으로 해결해나갈 수 있다. 우리가 살아가는 데 있어 반응력이란 이처럼 기초적이고도 중요하다.

3분 묵상은 이러한 반응력을 훈련할 수 있는 좋은 방법이다. 짧은 글감이 자극이고, 이에 반응하는 연습을 함으로써 마음의 힘은 물론 반응력을 키울 수 있다. 1, 2단계를 통해서 이루어진 마음의 잔잔한 느낌은 새로운 변화를 이룰 수 있는 바탕이 되며, 거기에 3단계인 적용하기를 통해 진취적이고 긍정적인 삶의 자세를 가다듬을 수 있게 한다.

반응력과 책임감은 바르게 설정된 삶의 목표를 이루어가는 데에 필수 요소다. 살면서 누구나 주저앉고 싶을 때가 온다. 이때 자기 자신만을 생각하면 포기하기도 쉽다. 그러나 함께하는 사람들을 감지할 수 있는 사람은 다르다. 이런 점에서 반응력과 책임감은 절망 속에서 앞으로 나아가게 하는 원동력이 된다.

2. 사랑받을수록 고통스러워하는 아이들

누구를 위한 사랑인가

자녀를 위한 것이라면 무엇 하나 아깝지 않고 언제나 좋은 것만 주고 싶은 것이 부모 마음이다. 아이를 위해서라면 어떠한 희생이라도 감수할 정도로 부모의 자녀 사랑은 그 깊이를 무엇과도 비교할 수 없다. 그런데 왜 우리의 아이들은 이토록 큰 사랑을 받는데 고통스러워하는 것일까. 왜 부모를 미워하게 되는 것일까.

처음에는 미미한 것들이었겠지만, 갈등은 자녀에 대한 순수한 사랑에 부모의 열망이 섞이면서 시작된다. 천진난만하고 예쁘기만 한 유아기의 아이를 놓고도 부모는 고민에 빠지기 일쑤다.

'학습에 보다 집중하면 좋을 텐데, 책읽기는 좋아하지 않고 놀기만 좋아해서 큰일이야.'

'책을 많이 보는 게 중요한 것이 아니라 심층적으로 생각할 수 있어야 할 텐데….'

이렇게 써놓고 보니 중학생도 아니고 더욱이 초등학생도 아닌 유아기의 아이에게 바라는 것치고 너무나 엉뚱해 보이는 내용이지만, 요즘 어린아이를 키우는 엄마라면 흔히 하는 생각들이다. 그러다 아이가 학교에 들어가면 반드시 우등생이 되고, 리더가 되기를 열망한다. 이러한 부모의 바람은 하나같이 아이의 자질이나 상태를 고려하지 않고 부모의 열망에 그 기준을 맞추다보니 현실적으로 아이는 따라주지 않고, 부모는 분노하고 조급해하는 결과를 낳는다.

오늘날과 같은 자녀 사랑은 과연 누구를 위한 사랑인가? 진정 아이를 위한 사랑이라 단언할 수 있을까? 지금까지 부모가 자녀에게 보여준 사랑이 순수하게 자녀를 위한 사랑이었는지, 부모의 열망을 채우기 위한 사랑이었는지는 바로 지금 자녀와의 관계가 답해줄 것이다.

만약 부모가 자녀에게 보여주는 변질된 사랑을 인식하지 못한다면 결국 사랑하는 나의 자녀는 부모의 사랑으로 더욱 고통스러워질 것이고, 자녀와의 관계는 더욱 악화될 것이다. 그러므로 부모라면 스스로에게 신중히 물어야 할 것이다. 아이에 대한 나의 사랑이 누구를 위한 것인지 말이다.

부모의 사랑, 그 모순의 시작을 알아야 한다

물론 부모가 보여준 사랑이 자신의 열망에 충실한 것이었다 하더라도 그 자체에 악의가 있지는 않다. 결과적으로는 자녀에게 고통을 주었을지라도 이 모든 것은 자녀를 보다 훌륭하게 교육시키고자 하는 부모의 가치관과 열정에서 비롯되었다.

문제가 있다면 부모의 생각이 본질적이지 않다는 것에 있다. 부모 자신에게는 마땅한 것이고, 그렇기 때문에 사랑하는 자녀에게 반드시 주고 싶은 것일지라도 그것이 '진리에 근거한 것' 이 아니라면, 자녀에게 그릇된 결과를 가져다준다. 부모가 자녀에게 보여주어야 하는 사랑은 나의 생각에서 옳은 것이 아니라 '진리의 기준에서 올바른 것' 이어야만 한다.

하지만 현실적으로는 부모의 잘못된 열정 때문에 상처받는 아이들이 많다. 이는 곧 부모들 자신이 스스로의 상처 속에서 주관적으로 세상을 해석하고, 대책을 마련하여 잘못된 사랑을 자녀에게 주기 때문이다. 다음의 예를 보자.

지금은 중학생이 된 딸을 둔 엄마의 이야기이다. 이 엄마는 대학을 졸업하고 직장생활을 하다 결혼 후 아이를 낳고 전업주부가 되었는데 딸아이가 초등학교에 들어간 후부터 명문대학을 졸업하지 못했다는 콤플렉스로 스트레스를 받고 있었다. 그렇기 때문에 사랑하는 아이만큼은 명문대학에 보내 자신처럼 학력 콤플렉스를 겪지 않기를 원하였다. 그래서 교육 정보도 꼼꼼히 챙기고, 좋은 학원에 보내기 위해 과외도 시키고 온통 자녀 교육에만 신경을 집중해왔다. 이 엄마에게는 이렇게 하는 것이 딸을 위해 자신이 해야 할 최선이라고 생각했다.

이렇게 아이 교육에 집중하다보니 자주 남과 비교하게 되고, 절대 뒤처지면 안 된다는 강박관념에 사로잡히곤 하였다. 그래서 엄마들 모임에라도 다녀오면, 낮에 들었던 이야기들 때문에 왠지 불안해서 잠까지 설칠 지경이었다. 다른 엄마들 말을 들어보니 요즘 아이들은 이것도 하고, 저것도 한다는데…, 우리 아이는 그거 안 하고 있는데… 하며 고민에 빠져드는 것이었다.

생각 끝에 학원도 유명한 곳으로 옮기고, 과외도 추가하고, 책도 몇 질 더 사는 등 아이의 스케줄을 더욱 빡빡하게 짜놓으면 그제야 조금 안도할 수 있었다. 아이가 때때로 힘들어하는 모습을 보면 안쓰럽기도 하지만, "이 모든 것이 너의 성공을 위해서는 어쩔 수 없으니 참아야 해. 엄마도 너에게 투자하느라 돈도 아끼고 얼마나 많은 희생을 하는지 모른다."며 달래곤 하였다.

다행히 아이가 초등학교에 다닐 때는 엄마 뜻에 따라주어서 좋은 성적으로 엄마에게 위안을 주었지만, 문제는 아이가 중학생이 된 이후였다. 엄마가 시키는 대로 학원과 과외 선생님에게 지도받는 것에 익숙한 아이는 스스로 공부해야 할 시점이 되면서 한계를 드러내기 시작했다. 엄마는 더 좋은 선생님과 프로그램을 찾아다녔지만, 쉴 틈 없이 공부해야 하는 아이의 스트레스는 원형탈모증으로 나타났고 급기야 정신과 상담을 받아야 했다.

이 엄마의 사랑에서 무엇이 잘못된 것일까? 이 엄마는 명문대에 대한 열등감이 컸던 탓에 아이에게만큼은 상처를 주고 싶지 않았던 것뿐이다. 그래서 최선을 다해 아이를 사랑하였는데 결과적으로 딸에게 크나큰 상처를 안겨주었다. 정도의 차이가 있지만 이러한 경우는 우리나라의 평범한 가정의 모습과 크게 다르지 않다.

상처를 갖고 있는 부모

이처럼 부모가 자신의 상처를 해결하지 못한 채 아이를 사랑한다고 안아주면, 그 상처가 비수가 되어 아이를 찌른다. 아이가 아파하면 미안하고 안쓰러워서 더욱 꼭 안아주게 되지만 부모가 품고 있는 비수에 더욱 깊숙이 찔릴 수밖에 없다. 그런데도 대부분의 부모들은 아이가 쓰러지기 전까지는 그것을 바른 사랑이라고 착각한다. 부모가 자신의 상처를 해결하지 못한 채 자녀를 사랑하면 그것은 고스란히 고통으로 남는다. 그런데 우리 부모들은 상처의 해결은 고사하고 무엇이 자신의 상처인지조차 알지 못한다.

　상처를 갖고 있는 부모는 건강하게 세상을 보기 어렵기 때문에 자녀를 제대로 사랑하기 어렵다. 먼저 자기 자신이 안고 있는 상처가 무엇인지 알아야 한다. 자신의 상처를 직시하고 노력하여 극복한 후, 부모 자신의 기준에 따른 사랑이 아닌 진리에 따른 사랑을 전하고자 노력해야 할 것이다.

3. 상처 주지 않고 사랑할 수 있다

대화하다 보면 꼭 아이에게 상처를 주게 된다

어릴 때는 고분고분하던 아이도 사춘기를 지나며 자신의 의견을 강하게 밝히기 시작한다. 지금까지 열심히 뒷바라지해준 것은 까맣게 잊어버린 듯 오해하고 왜곡할 때면 괘씸한 마음에 부모도 상처를 받게 된다. 이렇게 자녀가 부모의 마음을 알아주지 않을 때 부모는 참 속상하다.

그렇다면 부모들은 아이에 대하여 오해하지 않고, 늘 이성적이고 공정하게 대하는가. 물론 그렇지 않다. 부모들이 아이를 진실로 사랑하는 마음이 제대로 전해지지 않는 것처럼 아이들의 마음도 오해받는 부분이 분명히 존재한다.

왜 부모와 자녀는 서로 오해하게 될까. 무엇이 서로의 진짜 마음을 보지 못하도록 가로막는 것일까.

이런 경우가 있다. 초등 4학년인 연우(가명) 엄마는 친구들 사이에서 항상 겉도는 듯 보이는 딸아이를 볼 때마다 안쓰럽다. 어쩌다 친구들이 자기가 아끼는 물건을 함부로 다뤄도 선뜻 달라고 말하지 못하고, 얼마 전 친구 생일 파티에 갔을 때는 이런 일도 있었다. 다른 친구들은 다들 잘 노는데 혼자만 우두커니 앉아 있는 게 아닌가. 약삭빠른 아이들은 주인공 옆에 자리잡았고, 다른 친구들도 둘 셋씩 이야기하며 먹고 노는데, 유독 연우만 어정쩡하게 있다가 끝자리에 겨우 앉아 대화에 끼지 못한 채 어두운 표정으로 앉아 있는 것이었다. 다녀와서 투정부리는 걸 보면 속마음은 아닌 것 같은데, 늘 비슷한 문제로 엄마를 답답하게 만든다.

"연우야, 너가 먼저 친구들 사이에 있는 자리에 앉지 그랬어. 다른 애들보다 일찍 도착해서 자리도 많았잖아."

"앉으려고 하니까 그 자리밖에 없었단 말이야."

"아니지. 우리보다 늦게 온 은지도 가운데 앉았잖아. 그리고 앉은 자리가 뭐 그렇게 중요해. 네가 먼저 친구들한테 얘기하면 되지."

"걔네들이 다른 친구들하고 먼저 얘기하고 있었단 말이야."

"그렇게 친구들 핑계만 대니까 자꾸 이 모양인 거야. 네가 더 적극적으로 친구들한테 다가가야지. 아휴 답답해. 그러다 왕따 되면 어쩔래? 그나마 엄마가 다른 엄마들하고 잘 지내니까 이렇게 생일 초대라도 받는 거라구."

대화는 늘 이런 식이다. 처음에는 이런 저런 제안을 해보다가 답답한 마음에 대화의 끝은 핀잔으로 마무리되곤 한다.

아이가 친구들 사이에서 이렇게 겉돌거나 무슨 일이든 소극적이고 제대로 해내지 못하면, 부모로서 마음이 아픈 것은 사실이다. 한두 번은 안쓰러운 마음에 감싸주다가도 매번 반복되면 끝내 자신의 답답함을 아이에게 쏟아부어, 결과적으로는 사랑하는 아이의 마음에 더욱 큰 상처를 안겨주곤 한다. 아이는 소극적이고 싶어서 소극적인 것이 아니라 그냥 타고난 특질이 그런 것뿐인데 말이다. 적극적인 모습이 좋은 것이라는 부모의 판단 기준 속에서 이 아이의 특질은 단점으로 전락되고 만다.

달리 생각해보면 소극적이라는 특질은 생각이 깊어 섣불리 행동하지 않음을 의미할 수도 있는데, 눈에 보이지 않는 의미는 대부분 무시되기 쉽다.

우리는 모두 제각각의 색안경을 쓰고 그것이 진실인 양 생각하며 살아간다. 적극적인 것이 옳다고 생각하는 사람이 소극적인 사람을 보면 분노가 이는 것처럼, 나와 다른 색으로 세상을 보는 사람을 인정하기란 쉽지 않다. 부모와 자식 간의 오해도 마찬가지이다. 있는 그대로의 모습을 보지 못하고, 상대방의 생각과 행동을 나의 색안경을 통해 보고서 분노하고, 비판하고, 상처를 준다.

분노의 출발이 나의 색안경에서 비롯되듯이 자녀에게 느끼는 분노와 오해는 부모에게서 시작된다. 부모들은 있는 그대로 아이를 볼 수 있는 능력을 잃었다. 만약 부모인 나 자신이 지금의 색안경을 벗지 못한다면, 우리 자녀는 타고난 자신만의 특질을 특질 그대로 보는 것이 아니라 단점이나 장점으로 인식하게 되고, 단점은 열등감으로 장점은 우월감으로 또 하나의 색안경이 되어 이 세상과 사람을 왜곡되게 바라볼 것이다. 이렇듯 열등감과 우월감은 주변 사람, 그중에서도 특히 가족에게 영향력이 가장 크다.

자녀를 바로 세우고 싶다면 자녀를 있는 그대로 인정하고, 자존감을 세워주고 싶다면 먼저 나의 색안경을 벗어야 한다. 나만의 색안경을 벗는 순간 비로소 서로 오해하지 않는 것의 진정한 의미를 깨닫게 될 것이다.

먼저 나의 우월감과 열등감을 알자

있는 그대로의 자녀의 모습을 보기 위해서는 먼저 나 자신의 모습을 있는 그대로 볼 수 있어야 한다. 누구에게나 장점과 단점이 있다. 우리는 흔히 성공하기 위해서 장점을 살리고, 단점은 극복해야 한다고 말한다. 소극적인 것보다는 적극적인 것을, 게으름보다는 성실함을, 덤벙거림보다는 신중함을 미덕으로 여겨왔다. 그러다보니 단점으로 인하여 주눅이 들 때도 있고, 자신이 가진 장점을 갖지 못한 이들 앞에선 왠지 우월감이 느껴져 타인을 은근히 무시할 때도 있다.

실제로 열등감이 있는 부모는 자식에게 자신과 같은 경험을 물려주고 싶지 않은 마음에 자녀를 옥죄고 또다른 상처를 주기 쉽다. 우월감이 어떻게 자녀와의 관계를 악화시키는 요인이 되는지 언뜻 와닿지 않지만, 우월감도 열등감 못지않게 크나큰 상처를 준다. 예를 들면 학창 시절에 항상 우등생이었던 부모는 자녀가 공부를 잘 못하면 격려하기보다는 그 정도밖에 안 되냐며 무시하게 된다. 또 자수성가한 가장이 자녀가 자신처럼 적극적이지 못하고, 성취를 해내지 못하면 패배자처럼 인식하여 멸시하는 경우가 그렇다.

열등감과 우월감은 단순히 개인적인 문제가 아니라 사랑하는 가족에게 치명적인 영향을 미친다. 그러므로 지금 나 자신의 열등감과 우월감을 정확히 아는 것으로부터 그 해법을 찾아야 한다.

자신의 장단점을 다음과 같이 쓴 사람이 있다.

단점	장점
1. 내성적이다.	1. 신중하다.
2. 소극적이다.	2. 계획성이 있다.
3. 우유부단하다.	3. 남을 존중한다.
4. 끈기가 부족하다.	4. 여유가 있다.
5. 사교성이 떨어진다.	5. 성실하다.

이 사람의 장단점을 가만히 살펴보면 서로 연관성을 찾을 수 있다.

내성적인 성격이므로 신중하고 계획성이 있고, 남을 존중하다보니 소극적이고 우유부단하게 보일 때가 많다. 우리는 흔히 끈기가 부족한 점을 단점으로 생각하지만, 이 사람의 끈기 부족은 여유 있는 특질과 연관이 있으며, 사교성이 떨어지는 단점은 자기 자신에게 성실한 특질에서 나온 것이라 볼 수 있다.

장점과 단점은 하나의 특질에서 나온 면면일 뿐, 좋고 나쁨을 판가름할 수 있는 것이 아님을 알 수 있다. 결과적으로 이 사람은 '신중하고, 계획성이 있고, 남을 존중하며, 여유가 있고 성실한 장점이 있지만, 내성적이고 소극적이며, 우유부단하고 끈기가 없고, 사교성이 떨어지는' 사람이 아니라 '신중하고 여유가 있으며 타인을 배려하면서도 자신에게 충실한 특질을 가진 사람' 이다.

즉 우리는 자신이나 자녀의 성향을 장단점으로 보는 것이 아니라, 그 사람만의 특질로 볼 수 있어야 한다. 특질이 좋은 방향으로 표출되면 장점으로 보이고, 나쁜 방향으로 표출되면 단점으로 보이는 것뿐이다. 이렇게 생각하면 애초에 장점과 단점은 없고 우리에게는 그 사람만의 특질이 있을 뿐이다. 그렇다면 우월감과 열등감에 휩싸일 필요도 없고, 상처 받고 상처 줄 일도 없으며 남들과 바른 인간관계를 갖게 된다.

이제 나 자신의 장점과 단점을 살펴보고, 단점을 장점으로 장점을 단점으로 변환하여 보자. 이 과정에서 지금까지 나의 우월감과 열등감이 나의 어떤 특질에서 비롯되었는지 알아보도록 하자.

우월감 · 열등감 극복하기

예시

1. 나의 장점과 단점을 5개씩 적어보자.

단점 :

① 다혈질이다.

② 직설적인 말로 남에게 상처를 준다.

③ 사람들로부터 상처를 잘 받는다.

④ 남의 부탁을 거절 못한다.

⑤ 결단력이 없다.

장점

① 긍정적이다.

② 남의 일을 내 일처럼 돕는다.

③ 한번 시작한 일은 끝까지 한다.

④ 솔직하다.

⑤ 관대한 편이다.

2. 단점을 장점으로 변환하여 보자.(열등감 없애기)

① 다혈질이다 → 모든 일에 적극적이다.

② 직설적인 말로 남에게 상처를 준다 → 감정 표현이 솔직하다.

③ 사람들로부터 상처를 잘 받는다 → 민감하다.

④ 남의 부탁을 거절 못한다 → 너그럽다.

⑤ 결단력이 없다 → 남에 대한 배려가 많다.

3. 장점을 단점으로 변환하여 보자.(우월감 없애기)

① 긍정적이다 → 결단력이 없다.

② 남의 일을 내 일처럼 돕는다 → 사람들로부터 상처를 잘 받는다.

③ 한번 시작한 일은 끝까지 한다 → 다른 일은 소홀히 하게 된다.

④ 솔직하다 → 남에게 상처를 준다.

⑤ 관대한 편이다 → 치밀하지 않다.

4. 나의 특질

나 ○○○는(은) 배려심이 많고 솔직하면서도 모든 일에 열정적이고 적극적으로 임하는 특질을 가진 사람이다.

나의 특질 찾기

1. 나의 단점과 장점을 적어보자.

단점	장점
①	①
②	②
③	③
④	④
⑤	⑤

2. 나의 단점을 장점으로 변환하여 보자.(나의 열등감 없애기)

①

②

③

④

⑤

3. 나의 장점을 단점으로 변환하여 보자.(나의 우월감 없애기)

①

②

③

④

⑤

4. 위에서 정리한 장·단점 찾기와 변환 과정을 통하여 나의 특질을 정리하여 보자.

나 ○○○는(은) _____한 특질을 가진 사람이다.

이렇게 나의 특질을 찾아보는 과정을 하다보면 우리가 얼마나 자신의 상처에 집착하며 살아왔는지를 알 수 있다. 처음으로 자신의 특질을 정리하여 발표하는 경우, 대부분이 이렇게 발표하곤 한다.

나 ○○○는 적극적이고 정이 많은 사람이지만, 그렇기 때문에 사람들로부터 상처받고 힘들어한다.

나 ○○○는 성실하고 철저하게 일을 추진한다. 그렇기 때문에 너무 무리하는 경우가 있다.

나 ○○○는 열정적으로 일하기를 좋아하고, 여럿이 함께 일하는 것을 좋아하지만, 다혈질이라 남에게 신경질적일 때가 있다.

여기서 밑줄 친 부분은 자신의 상처지 특질이 아니다. 그런데 강의 중에 발표를 시켜보면 정말 대부분의 사람들이 특질을 잘 찾아놓고도, 이 상처들을 포함시킨다. 이 상처들은 나의 본질이 아니다. 우리가 목욕탕에 가서 깨끗하게 몸을 씻고 나올 때, 시커멓게 벗겨낸 때를 보고 나라고 하지 않듯이 이 상처들은 때와 같은 것이다. 나의 특질을 때로부터 떼어놓아야 함을 명심해야 한다.

부모가 자녀를 있는 그대로 사랑하기 위해서는 이렇게 나 자신의 상처를 벗고 있는 그대로의 나를 사랑할 수 있어야 한다. 이런 의미에서 나의 장단점들 속에서 나의 특질을 파악하는 과정은 큰 의미가 있다.

나 자신의 특질은 이렇게 정리되어야 한다.

나 ○○○는 정의감이 있고 적극적이며 열정적인 사람이다.
나 ○○○는 남을 존중하고 나 자신에게 충실한 사람이다.
나 ○○○는 관대하고 이해심이 넓은 사람이다.

나 자신과 타인의 특질을 파악하면 관계의 본질을 흐리는 수많은 오해로부터 벗어날 수 있다. 지금까지 타인으로부터 받아왔던 상처들이 상대방의 특질을 단점으로 받아들였기 때문임을 알 수 있다. 상대방의 특질을 제대로 파악하면 타인으로부터 받기 쉬운 상처를 극복할 수 있다.

- '저 사람이 주변 사람들에게 그렇게 화를 잘 내는 이유는 다른 사람을 무시해서가 아니라, 다른 사람들에게 애정이 많은 특질 때문이구나!'
- '정리정돈을 잘하지 못하는 것은 관대한 특질을 갖고 있어서 그렇구나!'
- '우리 아이는 너무 까탈스럽고 우유부단한데, 그것은 신중하고 남을 배려하는 특질 때문이구나!'

사람이 모두 다르다는 것은 알고 있지만, 이렇게 정리해보면 더욱 명료하게 파악할 수 있다. 이제 우리는 나 자신의 특질을 아는 것으로 열등감과 우월감의 실체를 알 수 있다. 이로써 우리는 자신의 상처를 벗고 나 자신을 더욱 사랑하는 사람이 될 수 있다. 이렇게 상처에서 벗어난다면 사랑하는 자녀에게도 더욱 본질적인 사랑을 전할 수 있다. 나아가 타인의 특질을 인정함으로써 우리는 이제까지 극복하기 어려웠던 관계의 난제들을 풀어낼 수도 있다.

앞에서 나 자신의 특질을 알아본 것처럼 사랑하는 자녀와 배우자의 특질도 파악하여 보자.

자기관리력
키우기 자녀와 배우자의 특질 찾기

자녀 특질 찾기

1. 단점과 장점을 적어보자.

단점	장점
①	①
②	②
③	③
④	④
⑤	⑤

2. 단점을 쓰고 장점으로 변환하여 보자.

①   →

②   →

③   →

④   →

⑤   →

3. 장점을 쓰고 단점으로 변환하여 보자.

①   →

②   →

③   →

④   →

⑤   →

4. 장·단점 변환을 통해 알게 된 내 자녀의 특질을 적어보자.

내 자녀 ○○○는 _____한 특질을 가진 사람이다.

배우자 특질 찾기

1. 배우자의 단점과 장점을 적어 보자.

단점	장점
①	①
②	②
③	③
④	④
⑤	⑤

2. 단점을 쓰고 장점으로 변환하여 보자.

①   →

②   →

③   →

④   →

⑤   →

3. 장점을 쓰고 단점으로 변환하여 보자.

①   →

②   →

③   →

④   →

⑤   →

4. 장단점 변환을 통해 알게 된 배우자의 특질을 적어보자.

내 배우자 ○○○는 ＿＿＿＿＿＿＿＿＿＿＿＿＿＿＿한 특질을 가진 사람이다.

4. 내 안에 숨어 있는 관계 회복의 묘약

나의 오만을 자각하라

부모들은 자신의 기준에 미치지 못하는 자녀를 볼 때면 심기가 불편해진다.

'공부를 좀 더 열심히 해야 할 텐데.'
'왜 그런 말투를 쓰는지.'
'옷은 또 왜 이런 걸 입는지.'
'게임 시간을 좀 줄이면 좋을 텐데.'
'문자 좀 작작 하지.'
'TV 보면서 공부가 제대로 되나.'

이렇게 자녀의 모습이 눈에 거슬리기 시작하면, 아무리 자제한다고 해도 말투와 표정에서 '나는 지금 네가 참으로 못마땅하다'는 의사가 아이에게 전해질 수밖에 없다. 초등학교에만 들어가도 아이들은 이것을 알아차리고 왜 모든 걸 엄마 마음대로만 하냐고 문제제기를 한다. 이렇게 부모의 뜻이 자신에게 부당하다는 의사를 충분히 전달하지만, 그럴수록 부모의 목소리는 더욱 커지고 종국에는 '잔말 말고, 무조건 엄마

(아빠) 말대로 해!'로 쐐기를 박는다.

만약에 성인인 내가 누군가와 대화를 하는데 상대방으로부터 "다 소용없고, 무조건 내 말대로 해!"라는 말을 듣는다면 기분이 어떨까? 결코 유쾌할 수 없을 것이다. 그런데 부모들은 아이들에게 습관처럼 이렇게 말하곤 한다. 그러고 보면 아이들이 엄마하고는 말이 안 통한다며 홱 돌아서는 것도 무리는 아니다.

부모가 '무조건 내 말대로 해'라고 말할 수 있는 데에는 '너는 틀렸고, 나는 맞다'는 확신이 자리잡고 있다. 이런 발언은 일종의 오만이다. 내가 어떠한 사람으로부터 늘 이런 대우를 받는다고 생각하면 그 마음을 이해하기 쉽다. 부모가 아이를 지속적으로 무시할 수 있는 것은 곧 자신만이 우월하다는 오만 없이는 불가능한 일이다. 이제 다시 한번 신중히 생각해보자. 나는 얼마나 나 중심으로 자녀를 대해왔는지 말이다.

부모들과 이야기를 나누다보면 아이들 때문에 스트레스를 너무나 많이 받는다고 한다. 그 이유를 들어보면 하나같이 아이들이 부모 말은 하나도 안 듣고, 자기 하고 싶은 대로만 한다는 것이다. 이렇게 자기 하고 싶은 대로만 하니까 부모의 스트레스가 이만저만이 아닌 것처럼, 아이들 또한 부모들이 '무조건 내 말대로 해'라고 하면 아이들의 스트레스도 얼마나 클지 짐작할 수 있다. 그러니 아이들이 부모를 상대해주지 않는 것이다.

나 중심의 오만한 사랑이 얼마나 저급한 사랑인지 우리는 알아야 한다. 나와 성향이 완전히 다른 자녀가 나처럼 행동한다면, 그것이야말로 죽도 밥도 안 되는 이상한 결과물을 낳는 길이다. 그 아이는 그 아이답게 생활해야 아름답게 완성될 수 있다. 그렇지 않고 부모의 생각대로만 따라하면, 일단 부모의 마음은 흡족할지 몰라도 아이에게는 너무도 큰 상처를 남기는 길이며, 곧 자신의 생각대로 삶을 펼쳐내지 못하는 수동적인 인간으로 길러지는 것이다.

부모가 자녀를 걱정하고, 열과 성을 다해 뒷바라지하는 것은 결국 사랑하기 때문이다. 그 사랑 때문에 자녀가 상처입기를 원하는 이는 아무도 없다. 만약 지금까지 내가 전한 사랑이 부모인 나의 충족을 위한 것이었다면, 이제 생각의 중심을 부모가 아닌 자녀에게로 돌려서 보다 성숙된 사랑을 보여주어야 할 것이다. 그리고 등을 돌렸던 아이가 어떻게 변하는지 기대하라.

진정 사랑한다면, 먼저 겸손하라

부모가 자녀를 위해 노력하는 데에는 나름대로 기준이 있다. 자녀가 부모의 기준에 잘 따라와 지금의 못마땅한 모습을 벗고, 그 기준에 합당한 사람으로 변화되어주기를 바란다. 열심히 노력중인 모든 부모들에게 찬물을 끼얹는 것처럼 보일 테지만 이런 식으로는 절대 변화하지 않는다. 이것이 제대로 된 방법이라면 그렇게 해서 변화된 자녀가 많아야 하는데, 주위를 둘러봐도 부모의 바람대로 자라주는 자녀는 흔치 않다.

진정으로 자녀의 변화를 바란다면 부모가 먼저 자녀에게 겸손해야 한다. 변화해야 하는 당사자는 부모가 아니라 자녀다. 자녀가 변화하기를 기대한다면 그 아이에게 맞는 방향을 찾아야 한다. 그런데 대체로 부모의 기준은 있으나 자녀의 상태는 고려하지 않는다. 아니, 자녀의 상태를 잘 알지 못할 뿐만 아니라 제대로 알려고도 하지 않는다. 부모 자신의 생각이 옳다는 확신으로 가득 차 있기 때문에 오히려 바른 것을 행한다는 자부심이 넘쳐흐른다. 그것이 자녀에게 큰 고통을 준다는 것을 부모들은 모른다.

　자신에 대한 자부심이 큰 부모일수록 자신의 생각에 매몰될 확률이 높다. 오히려 자신의 생각에 자신감이 없고 뭔가 불완전함을 인식하는 부모가 자녀를 존중하고 자녀 입장에서 출발할 수 있다.

　지금까지 부모는 자녀에게 강자로 살아왔다. 무의식 속에 강하게 자리잡고 있는 강자라는 고정관념을 버리고 겸손의 자세를 취할 때 비로소 자녀의 입장에서 생각할 수 있다. 흔히 아주 높은 지위에 있거나, 누가 봐도 존경받을 만한 사람 앞에서 겸손하지 않는 사람은 없다. 그러한 높은 분 앞에서 겸손한 언행을 취하는 것은 솔직히 말해서 어렵지 않다. 문제는 나보다 낮다고 생각되는 사람 앞에서도 일관되게 겸손을 실행할 수 있어야 진정한 겸손인 것이다. 내가 생각하기에 대단한 사람 앞에서는 겸손을 취하고, 나보다 못하다 싶으면 은근히 무시하는 태도를 겸손이라 할 수는 없다. 나 중심의 사고에서 벗어나 진정으로 남을 섬기는 마음이야말로 겸손이다.

　진정 사랑한다면, 먼저 겸손해야 한다. 나 중심이 아니라 아이의 입장에서 생각하는 것, 이것이 변화의 시작이고, 진정으로 자녀를 사랑하는 길이다.

사랑한다면 끝까지 믿어주라

　어느 날 자녀와의 대화중에 아이가 정색을 하면서 부모 앞에서 화를 벌컥 낸다고 가정하여 보자. 자신에게 해준 것이 뭐가 있냐며 바락바락 대든다면 부모로서 과연 어떠한 생각이 들고 어떤 반응을 하게 될까? 이때 보통의 부모는 분노가 일게 마련이다. 이렇게 밀려오는 분노를 자재하기 힘든 부모라면 나 중심으로 살아온 사람이다. 남 중심으로 살아온 사람은 분노하기는커녕 측은지심으로 괴로움이 밀려오고 책임감으로 자책이 앞선다. 물론 아무리 남 중심으로 산 사람이라 할지라도 인간인 이상 순간적으로 화가 나고 괘씸한 생각도 들겠지만, 근본적으로는 아이에게 이처럼 큰 상처와 분노를 심어준 것에 대한 측은지심과 책임감을 느껴야 마땅하다.

그런데 지금 우리의 모습은 어떠한가. 때려서라도 이토록 막 나가는 아이의 버르장머리를 고쳐주어서 다시는 이 같은 잘못을 못하게 막아야 한다고 믿고 있다. 그리하여 부모는 자신의 모든 의사와 심정을 토해내어 부모의 뜻에 따르겠다는 확답을 받아야만 직성이 풀리는 것이다.

하지만 사람은 그런 방법으로 상대방의 의사를 절대로 받아들이거나 바뀌지 않는다. 다른 사람과 다툴 때는 누구나 상대방에 대한 반감이 크다. 그런 상황에서 상대방의 말이 '정말 옳다'라는 생각을 할 수 있는 사람은 결코 없다. 당신의 말이 정말 맞으니 앞으로는 그렇게 할 것이라고 호응해줄 수 없다. 그런데 부모들은 자녀에게 그런 식으로 설득하고, 변화시키려 한다. 설사 아이가 부모의 말에 따르겠다고 답한다고 해도, 진실이 아닐 확률이 높다.

자녀를 진정으로 사랑한다면, 그리고 사랑하는 자녀를 올바로 인도하고자 한다면, 지금까지의 방법으로는 불가능하다는 것을 알아야 한다. 정답은 단 하나다. 끝까지 믿고 사랑하는 길밖에 없다. 우리는 언제까지나 너를 지지하고 사랑해주는 사람이라는 믿음을 보여주면, 아이들은 미안해서라도 언젠가는 믿음에 보답하려 노력한다. 그렇게 스스로 부모의 뜻을 따르는 것만이 진정한 선택이자 변화이다.

부모로서 인내하는 일이란 분명 어려운 일이다. 또 엄청난 노력으로 인내를 하다가도 더 크게 폭발하는 일도 여러 번 겪을 것이다. 이러한 실패의 경험이 있더라도 부모는 다시 믿어주고 사랑해주는 자리로 돌아와야 한다. 꾸준히 노력하다보면 인내하는 믿음과 사랑이 아니라 진정한 믿음과 사랑을 주는 부모가 된다. 자신을 믿어주는 그 진정성만큼은 아이들에게 고스란히 전달됨을 잊지 말자.

자녀를 존중하는 한줄편지 쓰기

매일 잠깐씩 시간을 정해두고 자녀에게 한줄편지를 써보자.

자녀를 존중해주지 못했던 점을 생각해서 한줄 또는 한 문장으로적어보자. 또 자녀에게 겸손하지 않았던 일을 생각해보자.

- 자신도 못하는 일을 자녀에게 못한다고 다그친 일
- 이야기를 끝까지 들어보지도 않고 화부터 낸 일

예시

상황 : 초등학교 3학년 아이가 숙제가 있는데도 늦장을 부리며 미루더니, 밤 9시가 되어서야 숙제를 시작했다. 결국은 졸려서 집중도 못하고 신경질을 부리기 시작한다. 받아주던 엄마도 급기야 불만과 화를 참지 못해서 꾸지람을 퍼부었다.

한줄 편지 쓰기

> ○○야! 늦었지만 자신이 할 일을 알고 시작한 네가 자랑스럽다.
> 알아서 잘할 텐데 엄마가 화내서 미안해!

한줄 편지 쓰기는 지금까지 젖어 있는 나 중심의 사고를 교정해주는 구체적인 방법이 되어줄 것이다. 나의 언행을 객관적으로 바라보게 하며, 무의식중에 자리잡고 있는 나의 오만함을 인식하도록 돕는다. 매일매일 꾸준히 실천하다보면 나 중심으로만 바라보던 현상에서 조금씩 아이의 입장에서 생각하게 되는 변화를 경험하게 한다.

2부

말로 하지 마라
부모가 꾸준히 행하라

1. 사람은 절대 교훈으로 바르게 되지 않는다

'해라, 해라' 말해서 하는 사람은 없다

부모는 자녀에게 늘 다양한 교훈의 말을 한다.
"사람은 계획성이 있어야 한다."
"정직해야 한다."
"일찍 자고, 일찍 일어나야지."
"뭐든 골고루 먹고, 인스턴트 음식 먹지 마라."
"음란물은 절대 보지 마라."

이렇게 말하는 데에는 자녀가 반듯하게 커주기를 바라는 마음에서 미리 말해두는 경우도 있지만, 대부분은 지금 그렇지 못한 점을 교정해주기 위해 말한다. 아이가 잘하고 있는데 느닷없이 '사람은 계획성이 있어야 한다'고 말하는 경우는 없다. 가만히 지켜보니 아이가 숙제할 시간은 염두에 두지도 않고 게임에만 열중한다든지, 놀다가 학원 갈 시간에 번번이 늦는다든지, 이렇게 뭔가에 문제가 있을 때 '사람은 계획성이 있어야 한다'는 말을 하게 된다. 거짓말을 했을 때 정직함을 강조하게 되고, 야식을 즐겨서 비만해진 아이에게는 밤에 먹는 야식은 건강에 해롭다는 말을 하게 된다.

물론 교훈은 자녀를 키우면서 삶의 기준을 제시해주는 것으로 필요하고 또 중요한 것이다. 그렇지만 이런 식의 언급으로 아이들이 부모의 말을 들을까? 단적으로 말하면 사람은 이런 식의 교훈으로 절대 바뀌지 않는다. 그 교훈을 몰라서 그렇게 행하는 것이 아니다. 알면서도 고칠 수 없는 이유는 간단하다. 우선은 아이가 이미 실행하고 있는 것을 개선해야 하는 것이니 쉬울 리 없고, 고쳐줬으면 하고 바라는 행동은 아이에게는 너무 즐거운 일인 경우가 대부분이다. 이러한 즐거움에 포기를 강요하는 교훈이 달가울 리 없다.

오히려 교훈은 반작용을 일으켜 더욱 집착하게 만드는 역할을 한다. 예를 들어 "너무 늦게 야식 먹는 것은 몸에 안 좋으니 오늘부터 먹지 말자."라고 말하는 순간 아이에게는 어제 먹었던 치킨이 생각나는 것과 같다. 게임을 중지시키면 더 하고 싶어지고, 패스트푸드를 먹지 못하게 하면 더 먹고 싶어지는 이치이다. 다이어트에 도전했다가 실패해본 사람이라면 쉽게 이해할 수 있을 것이다. 머리로는 먹으면 안 된다고 생각하지만, 그럴수록 먹고 싶은 것만 더 떠올랐던 적이 많았을 것이다.

그나마 교훈이 이렇게 단순히 하지 말라는 것을 떠오르게 하는 단계에 머무르면 다행이다. 교훈이 발단이 되어 아이가 반발하고, 이에 부모가 화를 내면서 관계가 더욱 악화되는 경우는 또 얼마나 많은가. 이런 상황이라면 '해라, 해라' 말하는 것은 백해무익이다. 오히려 부모의 믿음을 저버리지 않으리라는 기대만을 품고, 있는 그대로를 인내하는 것이 아이를 바르게 세운다.

부모는 혹여 자녀가 바르지 않은 모습을 보이더라도 자녀가 그런 모습을 선택할 수밖에 없었던 이유를 생각해볼 수 있어야 한다. 이에 대한 해결법은 자녀를 탓하는 것이 아니라 올바르게 이끌어주지 못한 부모 자신을 탓하는 것이다. 진정으로 자녀에 대한 측은지심과 책임감을 갖는 것만이 '○○해라, ○○하지 말아라'라는 말로 고쳐주고 싶었던 점을 변화시킬 수 있는 핵심이다. 기다리다 보면 아이들도 언젠가는 변화에 대한 열망을 스스로 품게 마련이다. 부모의 역할은 쉽다. 단지 그때까지 기다려주기만 하면 된다. 물론 참견하지 않고 바라본다는 것이 무척 힘든 과정이긴 하다.

교훈은 결코 나쁜 것이 아니다. 교훈은 좋은 것이고 필요한 것이다. 하지만 교훈의 기능은 그것이 옳은가 그른가의 기준을 알게 하는 것이지, 그런 사람으로 변화시키는 것은 아니다. 변화의 에너지는 다른 데 있다. 그것은 신뢰와 사랑이다.

말해서 안 되는 것이 아니라, 말만 하기 때문에 안 된다

오늘날 우리 부모들이 자녀들에게 가장 바라는 것이 있다면, 아마도 열심히 공부하는 것 아닐까. 그런데 아이들이 잘 따라주지 않으니까 당연히 '공부 좀 하라'는 말을 많이 하게 된다.

하지만 그렇게 말한다고 해서 '네, 어머니' 하고 바로 공부하는 아이는 거의 없다. 게임, 핸드폰, TV, 인터넷 등 공부를 방해하는 요소들이 한둘이 아니니 일단은 실랑이로 힘 빼고, 거칠어진 상태로 억지로 책상에 앉히는 경우가 태반이다. 그러니 아무리 열심히 공부하라고 말한다 해도 그것이 성적에 반영될 리가 없다.

학부모 강연을 할 때 부모들의 모습을 보면, 왜 아이들이 이렇게 열심히 하는 듯 보이는데 정작 성적은 세자리에 머무르는지 이해할 수 있다. 4회 강연을 할 때면 매회가 끝날 때마다 참가자에게 숙제를 내준다. 매일매일 15분씩 운동하기, 교재에 있는 짧은 글을 읽고 자신의 생활을 되돌아보기 등등 비교적 간단한 것들로, 일주일 간 실천하고 그 동안의 변화를 써오는 숙제이다. 숙제를 내줄 때면 자녀를 제대로 키워보겠다는 의지가 하늘을 찌를 기세여서 모두 다 숙제를 해올 것처럼 약속한다. 그런데 다음 주가 되면 숙제를 해온 사람이 절반도 안 된다.

이처럼 말과 실천에는 큰 차이가 있다. 지금까지 해오던 자신의 생활 패턴에서 하루 30분 숙제할 시간을 끼워넣기가 그렇게 어려운 것이다. 학부모들을 보면 분명히 하고자 하는 의지가 있고, 시간도 있고, 철썩같이 약속도 했지만 실천해내지 못한다. 그런데 우리 아이들은 어떠한가. 의지도 없고, 시간도 없고, 약속도 하지 않았다. 이런 아이들이 부모가 한마디 말했다고 해서 곧바로 바뀔 리 없지 않은가.

우리 부모들은 이처럼 스스로를 변화하는 것이 너무 어렵기 때문에 말로만 시키는 것인지도 모른다. 하지만 이것만은 명심하자. 말만으로는 절대 바뀌지 않는다. 먼저 아이를 이해해야 하며, 변화의 주체로 선다는 것의 고충을 이해해야 한다. 그리고 그 변화과정에 함께하며 고통을 나눌 수 있어야 한다.

다음 간디의 일화를 보고 부모로서의 내 모습을 살펴보자.

> 설탕을 너무도 좋아한 한 어린아이가 있었다. 이런저런 방법으로 습관을 바꾸려 해도 행동이 변화되지 않자 평소 아이가 가장 존경하는 간디 선생님께 아이를 데려가 조언을 부탁드렸다.
>
> "선생님, 우리 아이가 설탕을 끊도록 잘 좀 타일러 주십시오."
>
> 간디는 아이를 보고 아무 말도 하지 않고 가만히 쳐다보기만 하다가
>
> "우리 15일 후에 다시 보도록 하자." 라는 말만을 전하고 설탕에 대한 어떠한 언급도 하지 않은 채 아이를 돌려보냈다고 한다.

15일 후, 간디 선생님을 다시 찾은 아이에게

"설탕은 몸에 좋지 않으니 설탕을 끊는 것이 어떻겠니?"

라고 간단한 조언을 주셨다.

아이의 부모는 물었다.

"선생님, 그 말씀을 하시는데 왜 군이 15일 후에 아이를 다시 오게 하셨나요? 15일 전 저희가 왔을 때 미리 하실 수 있으셨을 텐데요. 궁금합니다."

이에 간디는 이렇게 대답하였다.

"어머니, 사실 저 또한 아드님처럼 그때까지 설탕을 먹어왔던 사람입니다. 내가 하지 못하는 것을 남에게 타이를 수 없지요. 때문에 제가 설탕을 끊고 습관화되기까지 약 15일의 기간이 걸릴 듯하여 제가 완전히 끊은 후에 아드님께 설탕을 끊도록 권한 것입니다."

부모가 할 수 있는 것, 그것만큼 아이들도 할 수 있다. 아이들이 꼭 변화되기를 바란다면 방법은 하나이다. 말만 하는 부모가 아니라 함께하는 부모가 되어야 한다.

좋은 결과를 얻기 위해서는 많은 어려움과 고통이 있게 마련이다. 그러므로 사랑하는 사람은 좋은 것을 주는 것만으로는 부족하고, 이 좋은 결과를 얻기 위하여 겪어야 할 어려움과 고통의 대가를 치러주어야 한다. 부모의 실천을 통한 고통과 어려움을 자녀들이 바라보며 부모에 대한 신뢰와 사랑을 인식함으로써 드디어 아이는 변화하게 되는 것이다.

2. 이 세상에 빨리 성장하는 것은 없다

빠른 성장은 욕심이다

　요즘 부모들은 자녀가 조금이라도 뒤처질까봐 노심초사다. 뒤처지는 것은 고사하고 어떻게 하면 남보다 앞서나갈 수 있을지 고민한다. 그래서 일단은 빠른 시일 내에 확실한 효과를 볼 수 있는 방법을 쫓으며, 무엇을 하든 우리 아이가 최고가 되기를 꿈꾼다. 왜 빨리 성장하여야 하고, 왜 남보다 잘해야 하는 것일까? 부모들에게 물으면 '그것은 모두 아이들 잘 되고, 이 다음에 커서 행복하라고' 그런다지만, 이 마음이 진심이라면 현재 행하고 있는 모든 것이 진정으로 아이에게 도움이 되는지 생각해보아야 한다.

　우주에 존재하는 모든 것들은 제 속도를 유지할 때 의미가 있다. 어느 것 하나가 더 빨리 움직이거나 성장하면 안 된다. 뭔가의 속도가 빨라진다는 것은 굉장한 오류의 발단이 된다. 천재가 아니라 인재라고 지칭되는 모든 사건들의 발생 원인을 보면 모두가 인위적으로 무분별하게 자연을 대했음을 알 수 있다. 그런데도 부모들은 내 아이만은 남보다 빨리 학습해나가고 남보다 앞서야 행복하다고 믿는다.

　이러한 학습적인 문제는 자연 현상과 별개의 것이라 생각할지 모르겠지만 그렇지 않다. 무엇이든지 빨리 성장하고자 하는 것에는 반드시 이벤트적인 행위가 필요하다. 봄에나 먹을 수 있는 딸기를 겨울철에 먹으려면 비닐하우스라는 특별한 생산 방법을 거쳐야 하고, 동네에 자그마한 만두 가게가 개업을 해 보다 많은 이에게 빨리 알리려면 자그마한 선물이라도 준비하여 이벤트를 해야 한다. 부모가 아이들에게 행하는 것도 마찬가지이다. 빠른 시일 안에 확실한 결과를 얻고자, 선행학습을 시키거나 족집게 과외를 받게 하거나, 노는 시간 없이 오로지 공부에만 열중하도록 강요하는 등 특별한 관리를 가하는 것이다. 그러면 다른 모든 것과 마찬가지로 일시적으로 성적이 오르는 변화를 얻는다. 하지만 이러한 이벤트적인 행위로 성적은 오르지만, 이렇듯 빠른 성장은 배움의 결과만을 본 것이지 과정의 즐거움을 포기해야만 하는 잔인한 교육법이다. 이는 빠른 결과를 보여주어 부모에게 위안은 줄 수 있으나, 진정 아이를 위한 것인지는 다시 생각해봐야 할 문제라는 것이다.

마시멜로우 실험이라는 것이 있다. 1966년 스탠포드 대학의 월터 미셸 박사가 평균 나이 만 4세인 어린이들을 대상으로 시행한 실험으로, 바로 종을 치면 아이들에게 마시멜로우를 1개를 주고, 15분 후에 종을 치면 2개를 주겠다는 제안을 하였다. 그 결과 더 큰 보상을 위해 15분을 기다린 아이는 30% 정도였으며, 15년 후 실험에 참가한 아이들의 SAT(미국의 수능시험)점수를 비교해보니, 15분을 기다린 아이들이 30초를 넘기지 못한 아이들에 비하여 SAT 평균점수가 200점이 높았다는 것이다. 이 실험을 접한 부모들의 대부분은 자신의 자녀들에게도 인내를 가르치고 싶어했다. 보다 큰 보상을 위해 인내할 수 있는 사람이 수능시험 점수가 높을 테니까.

그런데 가만 보면 우리 부모들의 모습은 모순으로 가득 차 있다. 자녀들에게는 보다 큰 보상을 위해 인내를 가르치면서 정작 아이들 교육에 있어서는 빨리 결과를 내고 싶은 마음이 앞서 자연적인 성장의 속도를 인내하지 못하고, 당장 성적을 올려주는 마시멜로우를 덥석 먹어버리니 말이다.

어느 순간 급성장한다

우리나라는 지난 2010년 벤쿠버 동계 올림픽을 통해 역사상 처음으로 스피드 스케이트와 피겨 스케이트 종목에서 금메달을 획득했다. 올림픽에서 금메달을 수상할 정도면 천재성을 발휘했다고 볼 수 있다. 그런데 이 종목들은 분명 동양인 체형으로는 메달 획득이 어렵다고 했던 종목들이다. 그럼에도 불구하고 달성했다는 것은 선천적인 조건도 훈련으로 충분히 극복할 수 있다는 가능성을 보여준 예이다. 물론 이들이 처음부터 잘했을 리 없다. 재능은 있었겠지만 불리한 조건을 극복하기 위해서 피땀어린 훈련을 참아냈음에 틀림없다. 훈련이야말로 선천적인 약점도 극복할 수 있게 하는 강력한 요소임을 알게 한다. 이는 곧 평범한 사람도 누구나 열심히 하면 숨어 있는 천재성을 발휘할 수 있다는 희망을 전하기에 충분하다.

대니얼 코일이 쓴 《텔런트 코드》라는 책에 보면 이런 말이 있다. 우리의 신경계를 보면 가느다란 전선처럼 이어지다 조금 끊어져 있고, 또 다시 전선처럼 이어지기를 반복한다는 것이다. 이 끊어져 있는 부분을 시냅스라고 하는데, 정보가 신경을 타고 오다가 시냅스 부분에 이르면 화학 물질이 뿜어져 다른 신경으로 전달된다. 이러한 시냅스 부분은 '미엘린' 이라는 절연체로 구성되어 있는데, 이 미엘린이 두터워지면 정보가 전달되는 효과가 100배까지 커진다.

미엘린이 두터워지는 방법은 명료하다. 미엘린은 사람이 실수하고 잘못한 것이 있을 때 이를 반복하여 개선하는 연습을 했을 때에만 두터워진다. 자신이 잘 해내지 못하는 것이 있을 때 이를 부정하지 않고 또 포기하지 않고 끊임없이 반복하여 극복해냈을 때 두터워진다. 각 분야에서 달인이 된 사람들을 보았을 것이다. 마트에서 수십 대의 카트를 수월하게 운반하는 사람, 정확한 위치에 물건을 던져서 차에 올리는 사람, 밀가루 반죽을 딱 떼어내기만 하면 한 치의 오차도 없이 일정한 무게인 사람 등등. 그러나 어느 누구도 처음부터 달인일 수는 없다. 공통점이 있다면 오래도록 같은 일을 해왔고, 실수가 있을 때마다 포기하지 않고 연습해왔다는 점이다. 2010년 벤쿠버 동계 올림픽에서 좋은 성적을 거둔 선수들도 실수에 실수를 거듭하면서 자신의 실력을 쌓았음에 틀림없다.

성공이란 작은 실패들이 모여야만 도달할 수 있는 종착지인 셈이다. 아이들 중에는 아무리 노력을 해도 성적이 잘 오르지 않는다는 아이들이 있다. 그런데 이런 아이들의 공부 습관을 보면 공통점을 발견할 수 있다. 실패를 극복해보려고 노력하지 않고 손쉬운 편법을 선택하기 때문이다. 수학 공부를 예로 들면 이런 아이들은 문제를 풀다가 어려운 문제가 나오면, 어렵다고 그냥 넘어가거나 살짝 답을 보고 해결한다. 그러다보니 문제집 몇 권을 풀어도 아는 부분은 알지만 모르는 것은 계속 모르고 넘어가는 결과를 낳는다. 이렇게 하기보다는 문제집 한 권을 풀더라도 틀린 문제에 집중하여 자신의 취약점을 딛고 일어서려는 과정을 반복해야 틀렸던 문제를 정복해나갈 수 있다. 누구든지 수학에 소질이 없다고 속단하지 말자. 잘 안 되는 것을 반복하여 교정하면 누구든지 미엘린이 두터워지기 마련이고, 이 미엘린이 두터워졌을 때 비로소 흔들

림 없는 자신의 실력이 되는 것이다.

미엘린이 두터워지는 과정을 단축할 수 있는 사람은 아무도 없다. 그럼에도 불구하고 우리의 현실은 보다 빨리 남보다 앞선 자리에 설 수 있기를 바라며, 지름길을 찾곤 한다. 성적 향상의 비밀은 바로 실패하는 과정에 있음을 명심하자.

성장을 막는 세 가지 패턴

미엘린이 두터워지는 과정에서도 알 수 있듯이 사람은 단시일에 최고가 될 수 없다. 그럼에도 불구하고 우리의 현실을 보면 보다 빨리 남보다 앞선 자리에 설 수 있기를 바라며, 지름길을 찾는다. 그런데 안타까운 것은 우리가 찾아낸 지름길이 오히려 우리 아이들의 성장을 막는 길이라는 점이다. 우리가 행하고 있는 '성장을 막는 3가지 패턴'을 살펴보자.

첫째, 우리는 빨리 성장하기 위해서 최종적으로 얻고자 하는 열매를 연구한다.

예를 들어 오만한 사람이 겸손한 사람이 되고자 '겸손'을 연구하면 겉모양은 겸손해 보일지 몰라도 속으로 들어가면 겸손하지 않는 사람이 된다. 오히려 교만이 넘쳐흐르는 위선자가 될 확률이 높다. 입시공부의 경우를 보더라도, 우리는 성공 사례에 집착하는 경향이 크다. A라는 아이가 B라는 방법으로 공부하여 명문대학교에 들어갔다면 너나 할 것 없이 무조건 B방법을 따라한다. B방법은 A가 했기 때문에 성공을 거둔 것이지 누구에게나 먹히는 처방이 아님을 인식하지 못한다.

농부는 품질 좋은 사과를 맺게 하기 위해서 열매에 공들이지 않는다.

오히려 땅을 파고 물을 주고, 알맞은 거름을 주어야 한다는 사실을 안다. 이처럼 우리는 얻고자 하는 것이 있으면 그것의 본질을 찾아서 연구해야 옳다. 하지만 뿌리로부터 시작하여 열매까지 영향을 미치게 하는 그 과정을 인내하지 않고 겉모양만 얻어내려는 조급증을 버리지 못하고 있다.

성장을 막는 두 번째 패턴은 빠르게 성장하려는 것이다.

결론부터 말하면 빠른 성장이란 존재하지 않는다. 앞에서 썼듯이 빨리 성장하려면 이벤트적인 행위가 있어야 한다. 올림픽 등에서 신기록을 세운 선수가 도핑 테스트 결과 양성 판정이 나와서 실격이 되는 경우를 보았을 것이다. 약물처럼 이벤트적인 요소로 일시적인 성과는 얻을 수 있지만 이것은 진정한 실력이 아니다. 선행 학습만 보더라도 물론 이것이 득이 되는 아이들도 있지만, 잘 따라갈 수 없는 아이에게는 오히려 공부를 포기하게 만드는 역효과를 초래한다. 성장이란 우주적인 속도에 맞춰야 한다. 스포츠든 공부든 모두 성장의 속도에 맞게 하는 것이 본질적인 성장임을 잊어서는 안 될 것이다.

마지막 세 번째로 우리는 빨리 성장하기 위해서 성장에 좋은 조건이 따로 있다고 착각한다.

우리는 흔히 아이들에게 좀더 편안하고 좋은 조건을 만들어주면 공부를 더 잘할 것이라고 생각한다. 하지만 이것은 크나큰 오산이다. 인간은 편안해지면 그것만큼 스스로 해야 할 노력을 포기하게 마련이다. 취약한 부분이 있을 때 포기하지 않고 노력해야 미엘린이 두터워져서 마침내 실력으로 두각을 나타나게 되는데, 좋아진 여건만 믿고 노력을 게을리한다면 결과적으로는 성장을 막는 환경을 만들어주는 셈이 된다. 이 세상에 더 좋은 조건은 없다. 가장 좋은 조건은 현재 자신이 처해 있는 이 상태이다. 만약 현재 자신이 처한 조건을 좋은 조건으로 만들지 못하는 사람은 어떠한 조건이 주어져도 극복할 수 없기 때문이다.

우리 부모들은 아이들이 무엇을 배우든지 빨리 그 결실을 보고 싶어한다. 그렇기 때문에 열매를 연구하고, 지름길을 찾고, 보다 좋은 조건을 만들어주려 노력한다. 아이에게 하나를 주면 바로 하나의 결과가 나오기를 기대한다. 그런데 현실은 전혀 그렇지 않다. 하나를 주면 바로 하나가 나오기는커녕 꿈쩍도 안한다. 이럴 때 아이를 답답해하고 화를 내는 것은 최상의 어리석음이다. 결코 이루어지지 않을 것을 강요하고, 이루어지지 않음을 탓하는 꼴이니 아쉬움은 아쉬움대로 키우고, 아이와의 관계마저 깨뜨리고 있는 격이니 말이다.

조급함을 버리자, 우주적인 속도에 맞게 성장해야 한다

$y=x$라는 공식이 있다. 이는 하나를 넣으면 넣은 만큼씩 늘어나는 공식이다. 그러면 $y=x^2$이라는 공식도 알 것이다. 이 공식의 그래프를 보자.

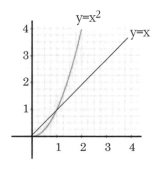

1을 넣으면 1이 되고, 2를 넣으면 4가 된다. 그런데 1보다 작은 숫자를 넣을 때를 보자. 오히려 줄어드는 모양을 띤다. 0.1을 넣으면 0.01이 된다. 그러나 1보다 클 때를 보자. $y=x^2$일 때가 $y=x$일 때보다 훨씬 큰 성장 폭을 보인다. 만약에 저축을 했을 때의 결과물이 $y=x^2$ 또는 $y=x$ 두 가지의 공식에 따른 두 종류가 있다고 한다면 어떤 것을 선호하겠는가. 물어볼 것도 없이 $y=x^2$을 선택할 것이다.

그런데 우리 부모들은 아이들의 성장에서만큼은 $y=x$ 공식을 선호한다. 하나를 주면 바로 결과를 낳아야 만족한다. 하나를 배웠는데 아무런 반응이 없는 기간을 참아내지 못한다. 하지만 우리 아이들의 성장 공식은 $y=x^2$이다. 그러므로 1에 도달하기 전에는 별다른 성장을 보이지 않는다. 오히려 퇴보하는 듯 보인다. 하지만 일정 시점에 이르면 급속도로 성장하는 때가 오게 마련이다. 그런데 우리 부모들은 잠복기를 인내하지 못하고 편법으로라도 적어도 넣은 만큼은 즉각적으로 표출되기를 기대하지 않는가.

우리 인간이 하는 모든 일도 이 우주의 속도에 맞춰 성장하는 것이 가장 바람직하다. 빨리 성장하기보다는 처음에는 더뎌 보일지라도 제대로 성장하는 것이 진정한 성장이다.

3. 보이지 않는 것이 진정한 가치다

보이는 것만을 신뢰하는 자, 본질을 놓치기 쉽다

입시철이 끝나면 학교마다 플래카드가 나붙는다. S대 몇 명, Y대 K대 몇 명 등 학교들은 그간의 성과를 자랑스럽게 공개한다. 보통은 이러한 숫자로 명문 학교인지 아닌지를 판단한다. 그런 플래카드를 보면서 부모들은 우리 아이도 저 학교에 보내면 이처럼 좋은 결과가 있으리라 상상한다. 하지만 이러한 발표는 거짓은 아니지만 그렇다고 이것이 전부도 아니다. 명문 대학에 합격한 학생이 있는 것은 사실이지만, 모든 학생이 합격한 것은 아니니 말이다. 그런데 우리는 이렇게 보여지는 명확한 현상 속에서 근거 없는 결정을 내리곤 한다.

요즘의 우리는 명백한 것을 선호한다. 확실한 증거와 효과를 확인할 수 없다면 좀처럼 신뢰하지 않는다. 자녀 교육처럼 중요한 것은 두말할 것도 없다. 그런데 자신의 눈으로 확인할 수 있는 것에 집착하다보니 어이없게도 눈에 보이는 것밖에 보지 못하는 오류를 범하고 만다.

초등학교 시절 꼬박꼬박 일기를 썼지만 일기 절대 안 쓰는 사람으로 살아가며, 많은 책을 읽고 무수한 독후감을 썼으나 1년에 책 한 권 읽지 않는 어른으로 살아간다. 높은 성적만을 쫓다 실력을 챙기지 못하는가 하면, 성공을 바라보다가 자녀와의 관계는 뒷전으로 내몰리고 말았다.

아무리 멋진 몸매를 가꾸었다고 해도 건강하지 않다면 의미가 없고, 아무리 절친해 보이는 사이라 할지라도 우정이 없으면 진정한 친구가 아니다. 자녀 교육도 마찬가지다. 우리가 자녀 교육에 있어 간과해왔던 것들이 채워지지 않은 채 집착해온 성적이 과연 무엇을 위한 교육이 될까?

우리는 본질을 알아야 한다. 사랑하는 자녀를 위한 교육에 있어서는 두말할 것도 없다. 겉껍데기에 충실한 것과 본질에 충실한 것은 분명한 차이가 있다. 무엇에 가치를 두는가에 따라 실행의 모습이 다르고 결과가 다르기 때문이다.

우리는 왜 본질에 다가가기 어려운가

식당에서 여러 사람들이 식사를 하고 있다. 그런데 아이들이 여기저기 돌아다니며 뛰어논다. 가만히 보니 그 아이들의 부모는 그렇게 뛰노는 아이들에게 별다른 제지를 하지 않고 식사만 한다. 이것을 본 어떤 사람들은 공공 장소에서 저렇게 뛰어다니다니 말도 안 된다고 생각하며, 그것을 말릴 생각도 안 하고 식사를 하는 부모가 더 문제라고 생각한다.

한편 또 다른 테이블이 소란스러워서 보니 부모로 보이는 어른이 4살밖에 안 되어 보이는 아이를 야단치고 있다. 음식물을 조금 흘렸을 뿐인데 과하다 싶을 정도로 야단을 치는 것이다. 사람들은 이것을 보고 어린아이가 밥을 먹다가 흘리는 게 당연하지 뭐 그런 걸 가지고 저렇게까지 야단을 치는지 모르겠다며 매정한 부모를 두고 눈살을 찌푸린다.

이렇듯 사람들은 자녀 교육에 있어 저마다의 세계관이 있다. '아이는 풀어놓고 자율적으로 키워야 한다'고 생각하는 쪽과 '아이는 좀 엄하게 키워야 한다'고 생각하는 쪽이 있을 것이다. 어떤 쪽이 맞는지에 대한 판단은 다양하다. 부모들에게 직접 물어보아도 '그렇다' '아니다' '둘을 병행한다' 등등 의견이 다르다. 희한한 것은 이렇게 서로 다른 생각을 하는 이들 모두가 자신의 생각이 옳다고 믿는 점이다.

진리는 저마다의 마음에 있었다. 사람들이 말하는 진리는 하나같이 자신의 의견에 있다. 그러므로 자신과 다른 의견은 진리에 맞지 않으므로 절대 받아들이지 않는다. 사람들이 생각하는 '맞다'라는 기준은 자신의 세계관에 합당하면 맞고, 그렇지 않으면 틀린 것이 되어버린다. 그래서 우리는 나의 생각과 다른 사람을 보면 분노가 인다. 이렇게 다른 세계관을 갖고 있으므로 타인의 생각을 받아들이기 어렵다. 부모와 자식 간에도 서로 못마땅할 수밖에 없는 근본적인 이유는 바로 서로의 세계관이 다르기 때문이다.

결정적으로 우리는 자신의 세계관에 맞는 것만 보고 싶어 하기 때문에 모두를 볼 수가 없고, 그렇기 때문에 종종 본질을 보지 못하게 가로막는다.

하버드대학교 심리학과 대학원에서 실시한 '보이지 않는 고릴라'라는 실험이 있다. 14초짜리 짧은 동영상인데 흰색 티셔츠를 입은 사람과 검은색 티셔츠를 입은 사람이 각각 세 명씩 있다. 흰색 팀과 검정색 팀이 각각 농구공을 패스하는데, 흰색 옷 입은 사람들이 몇 번의 패스를 하는지 알아맞혀보라는 메시지가 뜬다. 사람들은 집중하여 패스를 몇 번 하는지 세며 본다. 실험이 끝난 후 뜻밖의 질문이 나온다. '고릴라를 보셨나요?' 그리고 다시 한 번 실험 장면을 보여준다. 다시 보면 고릴라 분장을 한 사람이 버젓이 화면 중앙을 통과한다. 그런데 처음에는 패스에 집중하느라 아무도 이 고릴라를 보지 못한다.

이처럼 우리 인간은 기본적으로 보고 싶은 것만 보고, 듣고 싶은 것만 듣는다. 여성들도 자신이 아이를 임신했을 때는 길을 걷거나 버스를 탔을 때 유난히도 임산부들이 눈에 띈다고 한다. 그런데 아이를 낳고 나면 임산부를 본다는 의식 자체가 없어진다. 이렇듯 사람은 자신의 세계관에 따라 자신의 지성이 요구하는 것만 받아들이는 속성이 크다. 그렇기 때문에 같은 수업을 들어도 지성의 프레임이 우수한 아이는 핵심, 시험에 나올 만한 것을 듣지만, 그렇지 못한 아이는 별로 중요하지 않은 것, 시험에 나오지 않는 것, 선생님의 농담만을 새겨듣게 된다. 공부를 못하는 아이들이 기억력이 떨어지는 것이 아니다. 제대로 걸러 듣지 못하는 것이 근본적인 문제이다.

우리가 삶의 본질을 보지 못한다는 것은 진정한 행복을 누릴 수 없다는 뜻이기도 하다. 내게 중요한 것만을 보는 것을 넘어 본질에 다다르고자 한다면 지성의 프레임을 바로잡아야 한다. 즉 바른 지력을 회복해야 한다. 지금까지 나를 지배했던 세계관의 문제를 건드리지 않을 수 없다.

바른 세계관을 세우자

사람마다 세계관은 각자의 경험과 지식을 바탕으로 형성되므로 완전하지 않다. 우리는 오관을 통하여 경험을 한다. 그런데 오관이 불완전하기 때문에 어느 정도 왜곡하여 받아들일 수밖에 없으며, 자신이 인식할 수 있는 만큼만 보고, 듣고, 느낀다. 이러한 바탕 속에서 형성된 세계관이 불완전함은 당연하다. 뿐만 아니라 경험으로 체득된 것이므로 고집스럽고 완고하다. 이처럼 단단하게 자리잡은 세계관을 변화시키기란 만만치 않겠지만 개방의 여지를 두고 새로운 체험을 하면 변화될 수 있다.

세계관은 이성과 체험으로 구성되므로 세계관을 변화시키기 위해서는 이성과 체험의 변화가 필요하다. 특별한 의식을 갖고 노력하지 않으면 바뀌지 않겠지만 불가능한 것도 아니다. 단, 이때 필요한 경험과 지식은 정상적이고 보편적이고 상식적인 수준의 것이어야 한다.

올바른 세계관을 갖고 살아가는 것은 세 가지 면에서 의미가 있다.

첫째, 일관되고 통일된 삶을 살아갈 수 있다. 인생의 목적은 세계관을 바탕으로 정해지기 때문이다. 둘째, 생동감 있는 삶을 살 수 있다. 삶의 목적이 있으므로 항상 자신이 하는 일에 의미와 가치를 부여할 수 있다. 스스로 만족하며 살아갈 수 있기에 언제나 생동감이 넘칠 수밖에 없다. 셋째, 문화적 충격과 충돌을 극복할 수 있다. 우리는 다양한 사람과 함께 살아가기 때문에 여러 행동 양식과 가치 체계의 부딪침 속에 살아간다. 그럴 때 세계관은 어떤 것을 취하고 버릴지 분별할 수 있게 한다.

그냥 아는 것과 본질을 아는 것과의 차이

운동을 하면 몸에 좋다는 것을 모르는 사람은 없다. 그러나 실생활에서 운동을 규칙적으로 하는 사람은 드물다. 우리의 삶을 되돌아보면 이처럼 옳은 것을 아는 것과 옳은 것을 행하는 것에는 간극이 크다.

평소 지나친 음주와 흡연, 그리고 과식으로 점점 비대해진 40대 남성 K씨가 있다. 자신의 모습을 거울로 비춰보는 것에 혐오감이 들기 시작했지만, 직장 생활의 스트레스와 어쩔 수 없이 참석해야 하는 회식 문화 속에서 '건강 관리해야지' 마음은 먹어도 실천은 쉽지 않았다. 그런데 어느 날 갑자기 가슴이 아프고, 체력이 급격히 떨어진 것 같아서 검진을 받아보니 지금처럼 흡연, 음주, 과식하다가는 성인병으로 5년 안에 죽을

지도 모른다는 진단을 받았다. 의사는 약을 복용하고 규칙적인 운동을 하고 술과 담배를 끊고 소식하라고 했다. K씨는 변했다. 벌써 1년째 금주와 금연, 소식과 운동을 하고 있다.

변화의 핵심은 무엇일까? 담배는 몸에 해롭다는 말, 운동하면 좋고, 소식하면 좋은 걸 몰랐던 게 아니었다. 그런데 이제는 아는 것을 행할 수 있게 되었다. 이것이 그냥 아는 것과 본질을 아는 것의 차이이다. 사람은 본질을 알았을 때에 비로소 행할 수 있는 힘을 지닌다. 실행은 내면화되었을 때에 비로소 일어난다.

겉으로만 위대해 보이는 것은 어쩌면 별로 어렵지 않다. 말만으로 그럴듯하게 포장하는 것도 쉬운 일이다. 아무리 정보력이 뛰어나고 높은 지식을 쌓은 사람이라 하더라도 그것이 내면화되지 못했다면, 겉으로는 굉장해 보일지 몰라도 껍데기에 지나지 않는다. 겉과 속이 일관되게 살 수 있어야 진정으로 자신의 삶을 산다고 할 수 있다.

본질에 다가가기, 질문학습법

바른 세계관을 정립하기 위해서는 본질을 알 수 있어야 하고, 이를 위해서는 내가 알게 된 지식을 내면화 시킬 수 있는 능력을 가져야만 한다. 질문학습법은 진리를 내면화하는 효과적인 방법이다.

텍스트를 읽고서 개념을 되짚고 싶은 단어를 선정하여 주관화, 객관화, 질문하기 과정을 거친다. 이미 알고 있다고 생각했던 단어라도 다시금 새롭게 와닿는 경험을 하게 될 것이다.

아름다운 것을 바라보라

조각가 로댕은 3번이나 프랑스 국립미술학교에 낙방했습니다. 그래서 그는 호구지책으로 은세공을 하게 되었습니다. 먹기 위해서 그는 날마다 열심히 일에 몰두했습니다. 어느 날 동료가 "눈에 보이는 나뭇잎만 만들지 말고 내면의 것을 만들어 보라"고 충고했습니다. 그때 로댕은 순간 충격을 받았습니다. 그때까지 생각도 하지 못했던 점을 지적당한 것입니다. 사실 그는 그때까지 먹고 살기 위해서 보이는 것에만 몰두해 살았다고 합니다. 그는 비로소 내면을 보는 눈으로 작품을 만들기 시작했습니다. 그리고 24년 후 마침내 불후의 명작 '생각하는 사람'을 내놓은 것입니다. 무엇을 보고 무엇을 따라 살아가느냐가 그의 인생을 결정하는 것입니다.

예시

1. 주관화 하기

위의 글을 읽고 뜻을 잘 모르는 단어나 깊게 생각해보고 싶은 단어를 고른다.
이 단어에 대해 내가 생각하는 개념을 적는다.
밑줄 그은 단어가 '충고'라면 내가 생각하는 의미를 쓴다.

> 내가 생각하는 의미 : 타인의 잘못된 점을 선의의 뜻으로 전하는 것.

2. 객관화 하기

선정한 단어의 사전적 의미를 적는다.

> 사전적 의미 : 남의 잘못이나 허물을 충심으로 타이름.

3. 질문하기

주관화 객관화 한 단어와 관련하여 나의 생활과 연관지어 질문하고 생각해보기.

> 질문하기 : 진정한 충고란 무엇일까?
>
> 답하기 :
>
> 충고를 한다는 것은 상대방에 대한 애정이 있을 때에만 가능하다. 충고라는 것은 좋은 말을 전하는 의미보다는 상대방의 잘못된 점을 이야기하는 것임으로 애정이 없는 이에게는 꺼내기도 쉽지 않다. 자칫 오해받기 쉬운 내용이므로 이를 감내할 만한 용기를 가질 수 있는 상대라야 가능하다.
>
> 충고를 함에 있어서 주의점이 있는 듯하다. 상대방이 고쳤으면 하고 바라는 내용의 기준이 진정 상대방을 위한 것이어야 한다. 그런데 친한 사이에서는 종종 나의 불만을 충고라는 명목으로 전할 때가 많다. 듣는 이의 입장에서는 합당하지 않는 이유에 순순히 응하지 않을 게 뻔하다. 자신의 오만한 판단으로 비롯된 충고는 일단 충고가 아닌 것이다.
>
> 아이와 함께 하는 시간이 많은 엄마로서 아이에게 지적을 많이 한다. 이것도 진정한 충고가 되지 못한다면, 나의 오만을 드러내는 장이 될 것이다.
>
> 충고에 대하여 다시 정리해보니 충고란 '상대방이 잘못된 선택을 하였을 때 상대방의 발전을 위한 방법을(진리에 근거한) 상대방의 입장에서 전하는 것'이라고 한다.

직접 해보기 질문학습법

1. 주관화 하기
76쪽에 있는 박스 안의 글을 읽고 뜻을 잘 모르는 단어나 깊게 생각해보고 싶은 단어를 고른다. 이 단어에 대해 내가 생각하는 개념을 적는다.

밑줄 그은 단어 :

내가 생각하는 의미 :

2. 객관화 하기
사전을 찾아 단어의 의미를 적는다.

사전적 의미 :

3. 질문하기
주관화·객관화한 단어와 관련하여 나의 생활과 연관지어 질문하고 생각해보기.

질문하기 :

생각해보기 :

4. 공부만 해서는 절대 공부를 잘할 수 없다

좌뇌 중심의 교육이 지력 성장을 막는다

성적보다는 실력 있는 사람이 되어야 한다고 말은 쉽게 할 수 있어도, 현실적으로는 일류 대학에 가려면 우선 그에 맞는 성적이 뒷받침되어야 하므로 실력도 좋지만 일단은 성적부터 챙겨야 한다고 생각하기 쉽다. 그래서인지 어릴 때는 피아노도 배우고, 태권도도 배우고, 미술 학원에도 다니는 등 예능 활동에 많은 시간을 투자하지만, 학년이 올라가면서 예능 활동은 하나씩 그만두고 그 자리는 수학과 영어로 채워지는 것이 우리의 현실이다. 공부할 시간도 부족한데 성적과 무관한 악기 연주와 운동까지 챙길 수 없다는 것이다. 그런 거 할 시간이 있으면 수학 문제 하나라도 더 푸는 것이 도움이 된다고 생각한다. 이런 점에서 보면 우리나라의 교육은 어렸을 때는 좌뇌와 우뇌가 균형적으로 개발되지만, 점차 좌뇌 개발로 편중되어간다. 좌뇌 개발에 집중해야 성적을 더욱 높일 수 있고, 공부 잘하는 아이로 성장시킬 수 있다고 믿기 때문이다.

흔히 우리는 이렇게 알고 있다. 좌뇌는 추리와 계산과 같은 논리력을 관장하고 우뇌는 통찰력과 창의력을 관장한다고 말이다. 그래서 단순히 학자는 좌뇌가 발달했고, 예술가들은 우뇌가 발달한 사람이라고 생각한다. 요즘처럼 공부가 행복의 전부라 여기는 때에 공부에 더욱 집중함으로써 좌뇌 개발을 우선시하는 것은 어쩌면 당연한 결과이다. 하지만 좌뇌와 우뇌로 나뉘어져 있는 우리의 뇌 구조가 그렇게 논리력과 창의력으로 똑부러지게 나뉘어 존재하는 것이 아니다. 진정한 지력을 갖추고자 한다면 우뇌의 발달도 좌뇌의 발달 못지않게 중요하다. 아니 우뇌가 발달되어야 좌뇌 개발의 효율성이 한층 높아질 수 있다.

우리는 흔히 어떤 사람을 처음 만나면 첫인상이 어떤지에 대해 말하곤 한다. 그런데 만약에 우리에게 좌뇌 밖에 없다면 이렇게 말하게 될 것이다.

"그 사람은 내 친구가 자신의 대학 동기라면서 소개해준 사람인데, 성장 과정까지는 듣지 못했지만, 키는 보통쯤 되고, 눈웃음을 머금고 말하는 스타일에, 눈빛은 선하며, 말할 때는 손동작을 많이 사용하여 설명을 상세하게 하는 편이고…."

우리에게 좌뇌만 있다고 가정한다면 이렇듯 장황한 설명으로 처음 만나는 사람의 인상을 설명해야 할 것이다. 하지만 우리에게는 우뇌가 있기 때문에 이러한 긴 분석 필요없이 1~2초면 충분히 '이 사람 인상 참 좋다'는 느낌을 간파할 수가 있다. 우리는 흔히 '느낌'이라고 하는 것을 근거 없는 추상적인 것처럼 취급하지만, 사실은 순간적이면서도 종합적으로 판단할 수 있는 고도의 능력에서 비롯된 것이며, 이것이 곧 결코 무시할 수 없는 우뇌의 역할에서 비롯된 것이다.

좌뇌는 분석적으로 부분을 건드리는 데 반하여 우뇌는 창의적으로 전체를 볼 수 있도록 한다. 또 좌뇌는 보이는 것에 한하여 분석하지만 우뇌는 보이지 않는 것까지 그 가치를 볼 수 있는 능력을 준다. 우뇌가 개발되어야 보다 직관적이고 통합적인 사고를 할 수 있다. 그러므로 좌뇌가 아무리 발달한다고 해도 우뇌의 통합적인 사고가 뒷받침되지 못한다면 그 지식은 빛을 발하기 어렵다. 이는 아무리 많은 양의 정보를 집어넣은 컴퓨터라도 이를 제대로 운영할 수 없다면 고철 덩어리에 지나지 않는 것과 다를 바 없다.

어쩌면 우리가 좌뇌 개발에만 집중해온 것은 두뇌의 구조에 대한 이해가 부족했기 때문일지도 모른다. 이 정도로 우뇌의 역할과 가치가 막대하다면 굳이 좌뇌 개발에만 집중하는 것이 오히려 큰 손실이 될 것이다. 역사적으로 봤을 때 우수한 정서력의 소유자였던 임마누엘 칸트는 일정한 시간에 자연 속을 산책하면서 그의 사상의 깊이를 더했다. 아인슈타인은 유명한 바이올리니스트였고, 슈바이처는 오르간 연주자였다.

성적 그 이상의 파워, 정서력

우리는 좌뇌 개발을 위해서는 무엇을 어떻게 해야 할지 너무 익숙하다. 그렇다면 우뇌 개발을 위해서는 무엇을 하는 것이 가장 좋을까. 우뇌 발달의 기본은 예술 활동이다. 그것도 음악 감상처럼 간접적인 활동이 아닌 자신이 악기 연주를 하거나 그림을 그리는 등 직접적인 활동이 훨씬 큰 효과를 가져온다. 이렇게 우뇌가 꾸준히 자극되면 정서력이 몰라보게 향상된다.

우리는 흔히 정서가 안정적이다, 불안하다는 식으로 사람을 평가하기도 하는데, 사람이 살아가면서 특히 요즘처럼 성적으로 사람을 가르고 인정받지 못하는 데서 패배감을 느끼는 시대에는 이 정서력이 얼마나 큰 방패가 되고 또 다른 추진력이 되는지를 알아야 한다.

정서력이 떨어지는 사람은 자신이 추구하던 일이 잘 되지 못하면 원망과 죄의식에 휩싸이기 쉽다.

실력은 최소량의 법칙에 따라 발휘된다

독일의 식물학자 유스투스 리비히(Justus Liebig 1803~1873)는 식물의 성장에 대하여 최소량의 법칙(Law of Minimum)을 발표한 바 있다. 이 법칙의 요지는 식물의 성장을 결정짓는 것은 넘쳐나는 영양소가 아니라 부족한 영양소에 의한다는 것이다.

이러한 최소량의 법칙은 비단 식물의 성장에만 영향을 미치는 것이 아니라 우리의 생활 곳곳에도 존재한다. 이동 통신기기의 발달이 하루가 멀다 하고 발전하는 요즘이다. 하지만 아무리 뛰어난 최신기기가 있다 해도 다 닳아버린 배터리로는 최신 기기의 면모를 확인할 도리가 없다. 아무리 좋은 식재료가 있어도 불이 없으면 조리해서 맛볼 수가 없다. 기업도 마찬가지다. 아무리 좋은 제품이 있고 마케팅 능력도 뛰어나 제품을 널리 알렸다고 하여도 유통이 원활치 않아서 상점에 제품이 없다면 소비자가 살 수가 없다. 우리의 삶을 둘러보아도 이처럼 최종 상태를 결정짓는 것은 우수한 조건이 아닌 가장 열악한 조건에 의한다는 것을 알 수 있다.

사람의 성장도 예외일 수 없다. 학습에만 집중해야 공부를 잘할 수 있을 거라 판단하기 쉽지만, 진짜 실력을 발휘하려면 공부뿐 아니라, 마음, 몸, 자기관리, 인간관계까지 다섯 가지 요소가 모두 충족되어야 한다. 모든 조건이 양호하더라도 몸이 아프면 공부를 하는 것조차 어렵고, 공부를 잘하던 아이도 부모님과 사이가 벌어지면 성적이 떨어지기도 하니 말이다.

이런 의미에서 보더라도 높은 성적을 위해 우뇌개발을 무시하고 좌뇌개발에만 집중하는 것은 바른 선택이 아니다. 최소량의 법칙에 따라

약점 위주의 전략을 세워야 한다. 부족한 면을 채워줌으로써 우리가 가진 능력을 제대로 발휘할 수 있도록 정상화시켜야 한다. 이것이야말로 자신의 능력을 최대로 발휘할 수 있는 가장 효과적인 방법이다. 높은 성적을 목표로 학습에만 집중하는 것이 아니라, 오히려 부족한 정서력을 메워줘야 한다. 정해진 시간 속에서 공부만 하기도 벅찬 마당에 정서력까지 챙기기란 역부족이라 생각하기 쉽지만, 효과 면에서는 그렇지가 않다. 우뇌의 통합적인 가치 판단 능력이 뒷받침 될 때 비로소 갈고 닦은 지식이 큰 빛을 발할 수 있다.

정서력을 높이기 위한 하루 15분

풍부한 정서력을 기르기 위해 최소한 하루 15분 정도씩 오른쪽 뇌를 자극할 수 있는 활동에 시간을 투자하면 좋다. 정서 활동에 몰입하면 오른쪽 뇌에서 뇌파가 활발하게 작용하여 창의력을 극대화해준다. 뿐만 아니라 마음을 안정시켜서 심신의 피로를 풀어주고, 삶에 영감을 불어 넣어 활력을 되찾게한다. 단, 마치 숙제를 하듯 의무적으로 하면 도움이 되지 않으므로 즐거운 마음으로 해야 한다.

1. 적극적인 정서 활동
- 악기 연주(피아노, 기타, 우쿠렐레, 첼로, 플루트, 바이올린 등)
- 그림 그리기
- 산책하며 자연을 즐기기

2. 가벼운 정서활동
- 클래식 음악 감상하기
- 그림 감상하기
- 자연을 멀리서 응시하고 바라보기

5. 자유에너지를 찾아 가치 있는 일을 하라

월급이 500만 원인 A와, 350만 원인 B가 있다. A와 B 중에서 누가 더 여유로운 생활을 할 수 있을까? 어찌 보면 너무도 뻔하고 어리석은 질문이다. 수입이 150만 원이나 더 많은 A가 여유로운 것은 당연할 테니 말이다.

하지만 우리는 여유로움에 대하여 더욱 본질적인 시각을 가질 필요가 있다. 단순히 풍족하게 소비한다는 측면에서는 A가 여유로워 보이지만, 본질적인 여유는 얼마만큼의 자유에너지를 갖느냐에 달려 있다.

A와 B의 가계 운영 방식을 살펴보자. A는 대형차를 소유하고 있어 유지비가 만만치 않고, 고가의 쇼핑도 즐기는 등 한 달에 대략 450만 원을 쓰고 50만 원을 저축한다. 반면에 B는 미래를 위해 외식도 너무 비싼 것으로 하지 않고, 필요한 물건은 발품을 팔아 저렴하게 구입하는 등 한 달에 250만 원을 쓰고 100만 원을 저축한다. 이렇다면 이야기는 달라진다. 겉으로 보면 A가 더 풍부하게 보이지만, 자유에너지 측면에서 보면 B가 A보다 2배나 여유롭다.

공부 계획표를 짜는 것도 마찬가지다. 24시간을 무조건 공부로 꽉 채우는 것이 훌륭한 계획표가 아니라 꼭 해야 할 공부를 달성해나가면서도 자신의 자유에너지를 확보하는 것이 중요하다. 수학 1시간 영어 1시간 이런 식으로 계획을 세우는 것이 아니라, 분량을 정하여 집중하면 1

시간 동안 하려던 공부 시간을 단축할 수 있다. 이렇게 하여 확보된 자유 에너지를 자신이 꼭 하고 싶은 일에 사용하는 것이다. 사람은 자신이 확보한 자유에너지를 가치 있는 것에 사용할 때 비로소 진정한 보람과 즐거움을 맛보게 된다. 자신의 삶에서 열정을 쏟아붓고 싶은 가치 있는 것이 있다는 것은 삶의 활력소이자 기쁨인 것이다. 그러므로 빡빡한 계획표에 만족할 것이 아니라, 자신을 통제할 수 있는 자기관리능력을 길러서 자유에너지를 확보하는 것이 진정한 자기주도의 핵심이다.

나의 시간관리 능력 알아보기

나의 하루를 되돌아보자. 나는 자기주도적으로 살고 있는지 아닌지 살펴볼 수 있으며, 얼마만큼의 자유에너지를 확보하고 있는지 파악할 수 있을 것이다. 무의미하게 버려지는 시간은 없는지 더욱 가치 있는 일을 할 수 있는 시간을 확보할 여유는 없는지 알 수 있다.

1. 어제 하루 동안 활동한 목록들을 모두 적어보자.

예) 아침 식사 준비, 아침 식사, 청소, 세수 및 화장, 문화센터 강습, 장보기, 점심 식사, 서점 다녀오기, 빨래 정리, 저녁 식사 준비, 아이 숙제 봐주기, 저녁 식사 및 정리, 산책, 드라마 시청, 씻고 잠자리에 들기.

_____

_____

_____

_____

_____

_____

_____

_____

_____

_____

_____

_____

2. 조각 시간 찾기

위에 쓴 활동 내용마다 소요시간을 기입한다.

예시

	활동목록	소요시간	누계	하고 싶은 일
	아침 식사 준비	30	00 : 30	
	아침 식사	30	01 : 00	
	청소	40	01 : 40	
	세수 및 화장	30	02 : 10	
	문화센터 강습	80	03 : 30	
	장보기	40	04 : 10	
	점심식사	40	04 : 50	
	서점 다녀오기	60	05 : 50	
탐색	빨래 정리	20	06 : 10	
	저녁 식사 준비	60	07 : 10	
	아이 숙제 봐주기	30	07 : 40	
	저녁 식사 및 정리	60	08 : 40	
	산책	30	09 : 10	
	드라마 시청	60	10 : 10	
	씻고 잠자리에 들기	30	10 : 40	
	나의 조각시간	(6)시간	(20)분	
새롭게 깨달은 사실	나의 조각 시간 : 아침 7시에 일어나 밤 12시에 잠자리에 들었으므로 깨어 있었던 시간은 총 17시간임. 17시간 - 10시간 40분 = 6시간 20분 하루 종일 이리저리 굉장히 바쁘게 보낸 하루였는데, 6시간 20분이라는 어마어마한 조각시간이 있었다니 믿기 어려울 정도다. 생각해보니 드라마 시청 전후로 1시간 정도는 TV 앞에 앉아 있었던 것 같고, 친구와 전화 통화도 30분은 넘게 했다. 무의식중에 흘려보내는 시간이 이렇게 많다는 것이 놀랍다.			

직접 해보기

	활동목록	소요시간	누계	하고 싶은 일
탐색				
	나의 조각시간	( )시간	( )분	
새롭게 깨달은 사실				

3. 조각시간 찾기로 여유 시간 활용하기

우리는 흔히 빡빡하게 계획을 세워서 하루를 바쁘게 보내야 시간을 효과적으로 보냈다고 생각한다. 하지만 전체적으로 보는 눈이 결여되면 시간 관리가 한쪽으로 치우치거나, 의미 없이 보내는 시간을 발견하기 어렵다. 하루를 고공에서 내려다보는 시간 관리가 필요하다.

이런 의미에서 조각시간 찾기를 해보면, 나의 일과가 가사, 아이, 정서 활동, 교제, 운동 등 어느 분야에 집중되어 있는지 알 수 있을 뿐만 아니라, 의미없이 흘려보내는 시간을 인식하는 데에 도움이 된다. 평소에 하고 싶었지만, 시간이 없다는 이유로 미뤘던 일들을 조각시간에 해냄으로써, 삶의 가치를 높일 수가 있다.

평소 시간이 없다는 이유로 미뤄놓았던 일이 있다면 적어보자.

-
-
-
-
-
-
-
-
-
-
-
-
-

조각시간을 이용하여 실천해보고 느낀 점을 적어보자.

_____

_____

_____

_____

_____

_____

_____

_____

_____

3부

자녀는 부모의 믿음과
사랑대로 자란다

1. 아이들은 꿈꾸는 자를 보고 꿈을 꾼다

부모인 나의 꿈은 무엇인가

꿈이 중요하다고들 말한다. 사람은 꿈꾼 대로, 꿈꾼 만큼 살아간다고 말이다. 책도 많이 출간되었고, 유명한 사람들의 강의를 들어봐도 인생은 어떤 꿈을 꾸는지에 따라 달라진다고 강조되고 있다.

자신의 꿈에 대해서라면 별로 관심 없던 사람이라도, 부모 입장에서는 결코 그냥 넘어갈 수 없다. 아이의 행복과 성공을 위해 그토록 공부에 열중하는 부모들이 꿈이라는 목표가 있어야 한다는 말을 그냥 지나칠 리 없다. 특히나 입시마다 강조되는 스펙 쌓기와도 일맥상통하는 면이 다분하다. 일관되게 스펙을 쌓으려면 꿈이라는 목표치 없이는 불가능하기 때문이다. 그렇기 때문에 초등학교 때부터 확고한 꿈을 정하여 공부면 공부, 그 외의 다양한 스펙을 준비해두어야 일단은 원하는 대학에 진학할 수 있다고들 말한다.

그래서 요즘의 부모는 우리 아이에게 과연 어떤 소질이 있는지 꼬집어낼 수 있는 능력이 있어야 하고, 또 아이에게 무엇이 되고 싶은지 물어가며 두루뭉실한 아이의 꿈을 구체적으로 세워줄 수 있는 능력이 요구된다. 우리 아이에게는 과연 어떤 재능이 있으며, 또 어떤 방향으로

잡아줘야 커서 성공이라는 명성을 얻어낼 수 있을까 고민하기에 바쁘다. 하지만 이러한 수준의 고민도 아이가 어렸을 때의 얘기다. 자녀가 점점 커가면서 TV, 스마트폰, 인터넷, 게임 등등 방해요소가 꾸준히 등장하면 더욱 오리무중에 빠지는 듯 느껴지기도 하고, 자꾸 흐르는 시간 속에 조급함마저 더해져서 '너는 커서 뭐가 되고 싶어?' 라는 고운 물음은 '커~서 뭐가 될래?' 라는 한숨으로 전락하기 일쑤다.

그럼에도 불구하고 부모들은 아이의 꿈을 정하고 이뤄주는 조력자로서 최선을 다한다. 그런데 이렇게 성실한 부모들에게 부모들 자신의 꿈을 물으면 백발백중 당황스러워 눈을 맞추지 못한다. 잠시 생각에 잠겼다가 생각해낸 꿈이 '아이들 뒷바라지 잘하는 좋은 부모가 되는 것' 뿐이다.

우리 부모들이 바라는 것은 이런 것 아닐까? 아이들이 확고한 자신의 꿈을 갖고 그것을 이루어내기 위해 누가 시키지 않아도 공부하고 여러 가지 문제에 직면해도 스스로 고민하고 헤쳐나가는 모습을 보여주는 것 말이다. 이러한 이상이 우리 아이에게도 실현될 수 있을지 확신하기는 쉽지 않지만, 그래도 그 바람을 놓아버리고 싶은 부모는 없을 것이다.

이 모습을 현실화할 수 있는 방안이 딱 하나 있다. 의외로 간단하기까지 하다. 그것은 부모가 꿈을 꾸고, 그 꿈을 이루기 위해 최선을 다하는 모습을 보여주는 것이다. 이 세상의 성공한 사람들 뒤에는 항상 그들의 부모가 있다. 부모가 꿈을 갖고 이루고 노력하는 것이야말로 진정한 교육이고, 진정한 교육을 통해서만이 성공에 다다를 수 있다는 지극히 간단한 이치이다. 아이들은 꿈을 가지라고 말하는 사람의 꿈을 보았을 때, 비로소 꿈을 꾸기 시작하기 때문이다. 우리 아이들이 꿈을 갖지 못한다면 이는 곧 꿈을 가지라고 말하는 부모에게 아무런 꿈이 없다는 증거다.

자, 이제 자녀의 성공을 위해서 최선을 다하는 부모들에게 명백한 선택의 기회가 왔다. 사람은 꿈꾸는 자 옆에 있어야만 꿈꾸는 사람이 될 수 있다. 그렇다면 나는 자녀에게 석세스메이커가 될 것인가? 아니면 꿈을 제약하는 자로 남을 것인가?

어떤 꿈이 좋은 꿈인가

2012년 모 방송국의 한 프로그램에서 초등학생 1000명을 대상으로 실시한 설문조사 결과 초등학생의 장래희망 1위 직업이 공무원으로 나타났다. 1980년대 초등학생 장래희망 1위는 대통령, 1990년대에는 의사인 것과 비교해보면 달라져도 너무 달라진 세태를 반영해주고 있다.

공무원이 되면 주말에는 쉴 수 있다. 일반 기업체에 취직하면 40대만 되어도 명퇴 당할까 노심초사해야 하는데 공무원이 되면 잘릴 염려 없고, 노후도 보장된다. 이 얼마나 현실적이고 안정적인 직업 선택인가. 어찌 보면 80~90년대에 꿈꾸었던 대통령, 의사, 과학자 등은 평범한 누구나가 실현할 수 있는 꿈은 아니다. 말 그대로 희망 사항에 지나지 않을 가능성이 크다. 반면 안정적인 직업의 대표 격인 공무원이라는 답이 나온 것에 대해서는 우리 사회가 너무 불안정하다는 증거로 봐야 할지 어른들에 의해 세뇌된 답변이라 봐야 할지 궁금증이 일 수밖에 없다. 적어도 어린이의 순수한 눈으로 공무원이 되고자 했다면, 국민에게 봉사하고 편리한 서비스로 국민 생활에 도움을 주고 싶다는 식의 보다 가치 있는 이유를 대야 어린이다운 생각이 아닐까.

우리는 어떤 꿈을 꾸어야 할까? 아니 어떻게 꿈을 정하는 것이 옳을까? 우리는 흔히 꿈을 구체화하기 위해 나의 인생계획표를 작성한다. 아마도 우리 부모들도 자기계발서를 읽으며 몇 번쯤은 10년 후, 20년 후, 30, 40, 50년 후 자신의 모습을 생각해보는 기회를 가져봤을 것이다. 하지만 결론부터 말하면 대부분 사람들의 꿈은 이러한 인생계획표로 정해지지도 이루어지지도 않는다. 이렇게 작성했던 인생계획표대로 계속 살아가고 있는 사람이 많지 않다는 것이 바로 그 증거이다.

그렇다면 꿈은 어떻게 정해야 하는가. 꿈을 정하는 것은 인생에 있어 참으로 중요한 일임에 틀림없는데, 무엇이 꿈을 이루는 데에 걸림돌이 되었던 것일까? 꿈을 정하는 것부터 생각해보자.

꿈을 정함에 있어 가장 중요한 포인트는 좋은 꿈을 가져야 한다는 점이다. 좋은 꿈이란 과연 무엇일까. 의사가 꿈인 A라는 사람이 있었다. 그래서 열심히 공부하여 꿈에 한 발자국 한 발자국 다가갔다. 고비도 여러 번 있었지만 의사가 되겠다는 꿈이 있었기에 이겨낼 수 있었다. 그런데 문제는 정작 의사가 된 다음이었다. 이 자리에 오기까지 품어왔던 열정과 인내, 노력하려는 마음이 좀처럼 들지 않는 것이다. A는 의사라는 꿈을 이뤘지만 환자를 진료하며 지내는 것이 무료하게 느껴지기 시작했고, 이렇게 평생 보내야 한다는 생각에 막막함을 맛보는 지경에 이르렀다. 결론부터 말하면 A는 의사라는 꿈을 이루었지만 좋은 꿈을 가진 것이 아니었다. 의사라는 것 자체를 두고 하는 말이 아니다. A의 꿈은 의사가 되겠다는 한 시점에 머무르고 있기 때문에 의사가 됨과 동시에 A는 꿈이 없는 사람이 되어버렸다.

좋은 꿈이란 한 시점에 머무르지 않고, 일생을 관통하는 것이어야 하며 바른 가치관에 근거했을 때 좋은 꿈이 될 수 있다. '의사가 되겠다'에 머무르는 것이 아니라, '의사가 되어 질병으로 고통받는 사람들에게 희망을 주고, 건강하게 살 수 있도록 돕는 사람이 되고 싶다.' 처럼 바른 가치를 실현할 수 있는 것이어야 평생 열정을 바칠 만한 좋은 꿈이 될 수 있다.

가치 있는 꿈의 기준은 이 꿈이 나만을 위한 것이냐 아니냐를 보면 명료해진다. 가치라는 것에는 소유 가치와 존재 가치 두 종류가 있다. 소유 가치는 말 그대로 무엇을 갖고 싶은지로 채워지고, 존재 가치는 무엇이 되고 싶은지로 채울 수 있다. 나만을 위한 꿈은 곧 소유 가치에 머무르는 꿈으로 막상 소유하게 되었을 때는 기쁘지만 궁극적으로 행복을 주지는 못한다. 사람이 나만을 위한 것이 아닌 누군가에게 필요한 존재가 된다는 것은 무엇을 갖고 안 갖고와는 차원이 다른 행복을 준다. 우리 부모만 해도 자기 자신을 위해서는 체중관리 하나 제대로 하기 어렵지만, 아이를 위해서는 이렇게 책도 읽고 실천할 수 있으니 말이다. 누군가를 위한 존재 가치를 느낄 수 있는 사람의 파워는 예상할 수 없을 만큼 커질 수 있다. 그런 의미에서 단순한 인생계획표가 아닌 내 삶을 전체적으로 면밀히 통찰할 수 있는 일생고공표로 접근해야 삶의 목표에 집중할 수 있는 힘을 지니게 된다.

우리 아이에게 과연 어떤 꿈을 심어줄 것인지 생각이 깊어질 것이다. 하지만 꿈은 꿈을 가지라고 말하는 사람의 꿈을 보았을 때 이룰 수 있다. 부모인 나는 꿈이 있는지, 없다면 어떤 좋은 꿈을 가져야 할지 생각해보는 것이 우선이다.

일생고공표를 통해 삶의 목표 확립하기

삶의 목표를 확립하는 것은 의미 있는 삶을 위해 필수적이다. 삶의 목표가 분명한 사람만이 마음의 힘을 한 군데로 집중할 수 있기 때문이다. 무슨 일이든 처음에는 의욕이 넘치더라도 힘들고 지칠 때가 있고, 마음이 느슨해질 때가 있게 마련이다. 삶의 목표가 확립된 자만이 시련이 찾아와도 다시 딛고 설 수 있고, 자칫 흩어지기 쉬운 삶의 방향성을 일관되게 잡을 수가 있다.

삶의 목표를 확립할 수 있는 가장 좋은 방법은 실제 주변에 롤모델이 있는 경우이다. 명확한 삶의 목표를 가지고 역동성 있게 삶을 살아가는 사람이 옆에 있다면 자연스레 삶의 목표가 얼마나 중요한지 터득할 수가 있다. 그러나 그렇지 못한 경우에는 스스로 훈련해서라도 찾아야만 한다.

내 삶의 목표를 명확하게 바라보기 위해서는 내 삶을 말 그대로 고공에서 바라볼 수 있어야 한다. 이는 스스로 볼 수 없었던 것을 볼 수 있도록 안목을 넓혀주고, 또 해결하지 못했던 문제를 해결할 수 있는 힘을 주며, 평소에 눈에 띄지 않았던 점을 보는 지혜를 주고, 약점을 해결할 수 있는 기회를 준다.

삶의 목표 확립은 '무엇이 될 것인가' 보다 근원적인 문제이다. 내 삶의 방향성이 정해져야 구체적인 모습을 그릴 수가 있다. 삶의 목표 확립, 이것이야말로 진정한 일생고공표라 할 수 있다.

나의 일생고공표를 작성하기 위해 다음의 네 가지 질문에 답하여 보자.

질문1. 내게 있어 일생 동안 정말 갖고 싶은 소유 희망 목록, 예를 들어 지혜, 건강, 평화 등과 같이 눈에 안 보이는 무형의 자산을 제외하고, 집, 보트, 자동차, 건물처럼 유형의 자산 중에서 구체적인 항목 7개를 적어보라.

1.

2.

3.

4.

5.

6.

7.

질문2. 눈에 보이지 않는 소유 희망 목록, 예를 들어 사랑, 행복, 자유 등과 같은 무형의 자산 중 소유하고 싶은 항목 7개를 적어보라.

1.

2.

3.

4.

5.

6.

7.

질문3. 앞으로 남은 인생 동안 자신이 하고 싶은 일만 해도 된다면, 어떤 일을 하고 싶은지 적어보라. 예를 들면, 세계일주, 대학원 공부, 한 권의 책 쓰기, 작품 전시회 등….

1.

2.

3.

4.

5.

6.

7.

이상의 질문들은 나의 성취 목록에 관한 것이다. 이를 통해 지금까지 나 자신이 내 삶의 가치를 어디에 두었는지 알 수 있다. 그러나 성취 목록(소유 가치)보다 더욱 중요한 것은 내면의 목표(존재 가치)이다. 아무리 많은 것을 가질 수 있었고, 많은 활동을 했다 하더라도, 죽은 후에 사람들로부터 "저 사람은 돈만 모았어."라는 평가를 받는다면 과연 만족할 수 있을까? 다음 4번째 질문에 답을 해봄으로써 성취 목표보다 더욱 근원적인 존재 가치를 발견해보자.

질문4. 성공적인 삶을 마치고나서 주위 사람들로부터 가장 받고 싶은 칭찬 7가지를 적어보라.

1.

2.

3.

```
4.

5.

6.

7.
```

이제 위의 4가지 질문에 대한 답을 가지고, 삶의 목표를 구체적인 문장으로 만들 차례가 되었다. 앞에서 작성한 답변들을 통하여 새롭게 발견된 나의 모습을 구체적으로 상상하면서, 내 삶의 목표를 짧은 문장으로 기록해보자.

```


```

위에 적은 문장이 내 삶의 목표이다. 이는 내 인생의 헌법과도 같은 것이다. 언제 어떤 상황 앞에서라도 위의 문장을 떠올리면서 내 삶을 재조명하고, 삶의 방향 감각을 되찾을 수 있어야 한다. 이렇게 삶의 목표를 확립한다는 것은 인생에 있어 강력한 에너지를 제공한다. 이제 삶의 커다란 방향이 정해졌으니 다음에는 목표를 이루기 위한 실제적이고 구체적인 세부 전략을 짜야 한다. 인생을 실패하지 않는 사람들을 보면 한결같이 분명한 목표 의식을 갖고 이를 이루기 위해 삶의 에너지를 집중한 사람들이다. 그들에게 고난은 오히려 자신의 능력을 극대화하는 기회이자 발판일 뿐이었다.

이제 위의 삶의 목표를 이루어내기 위한 10년 단위의 세부 목표를 작성해 보자.

10대의 주요 계획 :

20대의 주요 계획 :

30대의 주요 계획 :

40대의 주요 계획 :

50대의 주요 계획 :

60대의 주요 계획 :

70대의 주요 계획 :

80대의 주요 계획 :

내 삶의 목표에 근접해가는 자신의 모습을 날마다 떠올려보자. 날마다 삶의 목표를 묵상하고 선언하고 생각하자. 이는 매일매일 약해져 있던 마음을 다잡아 삶의 목표에 일관된 모습으로 살 수 있도록 도울 것이다.

2. 우리 아이도 변화될 수 있을까

부모가 먼저 변해야 한다

아이들의 변화, 그것은 어떻게 이루어낼 수 있을까? 이 또한 말로는 이루어낼 수 없다. 아이들의 변화는 변화하라고 말하는 사람의 변화된 모습만이 이루어낼 수 있다.

아이에게는 TV 보지 말고 공부에 집중하라고 방에 들여보내놓고, 엄마는 거실에 앉아 드라마에 빠져 있다면 아이가 엄마 말대로 열심히 공부할 수 있을까?

'그래, 엄마 말씀대로 지금은 TV보다는 공부가 먼저지.'

이런 생각을 하게 될까?

'엄마는 마음대로 보면서 왜 나는 못 보게 해.'

하는 원망으로 가득해서 엄마가 밉고, 그 마음에 공부도 잘 되지 않을 게 뻔하다. 변화되라고 하는 말만으로는 아이의 변화를 끌어낼 수 없다.

아이의 변화를 원한다면 먼저 부모가 변해야 하는 것이 우선이다. 어떤 부모는 이렇게 반문할지도 모른다. "나는 아이에게 말만 하는 것이 아니라, 내가 솔선수범하여 TV도 보지 않고, 책도 읽고 열심히 살아가는 모습을 보였는데, 아이는 별로 달라지지 않았다."고 말이다. 이렇게 꿈쩍하지 않는 아이의 모습에 지쳐 '노력해도 아무 소용없다'는 생각이 들어 결국 원래의 자기 모습으로 돌아가게 되었다고 말이다.

그렇다. 부모가 아무리 변모된 모습을 보여도 아이들은 변하지 않는다. 부모가 변해야 아이들이 변한다고 말하면서 이건 또 무슨 소린가 하겠지만, 이 말도 맞는 말이다. 우리 부모들은 아이들이 변하기도 전에 너무 빨리 포기해버리기 때문에 아이들의 변화를 볼 수 없었던 것이다. 변화는 그리 빨리 쉽게 얻을 수 있는 것이 아니다. 부모가 먼저 변하되 계속 그 모습으로 살아가는 것이 중요하다는 이야기다.

생각해보면 부모가 자녀에게 바라는 삶은 부모가 생각하는 가장 이상적인 모습이다. 좋은 것을 사랑하는 자녀에게 주고 싶은 것은 당연하다. 그런데 그렇게 이상적인 삶이라면 부모 자신도 그렇게 살아야 하지 않을까? 왜 아이들에게만 그렇게 변화하라고 하는가?

자녀가 좋은 꿈을 꾸고, 또 꿈을 이룰 수 있는 힘을 갖게 하려면, 우리 부모들도 아이들과 마찬가지로 꿈을 가지고, 또 그 꿈을 이룰 수 있는 힘을 기르는 변화의 과정에 있어야 한다. 부모가 먼저 본질적으로 변화되면 자녀들은 자연스레 변화될 것이다.

끝까지 믿어주어라

엄마들끼리 모이면 자연스레 아이들 키우며 서로 힘들었던 얘기도 하고, 자녀교육에 대한 여러 가지 정보도 나누게 된다. 부모들 대화의 인기 코너는 공부 문제든 형제간의 문제든 엄마 맘에 들지 않아서 실컷 혼내주었는데 지나서 생각해보니 아이가 불쌍하다는 레퍼토리다. 엄마의 성질대로 쏟아부으면 당장은 시원하지만, 시간이 지나면 꼭 후회가 밀려온다는 것이 문제다. 그래서 자녀와의 대화법 책도 읽고 강의도 들어보지만, 또 공통적으로 하는 이야기가 처음 며칠은 아이에게 온화하고 너그러운 마음으로 대할 수 있는데 얼마 못가 버럭 화내는 엄마로 돌아온다는 것이다. 이쯤 되면 아이들도 안다. 지금은 괜찮다고 말하지만 진짜 괜찮은 것이 아니라는 것을. 도대체 무엇이 우리 아이들을 이렇게 부모 말을 신뢰할 수 없는 아이로 만든 것인가.

사람은 결코 신뢰하지 않는 사람의 말을 듣고 변화할 수 없다. 우리 아이들을 변화로 이끌기 위해서는 황폐해진 신뢰부터 회복해야만 한다. 깨어진 신뢰를 회복할 수 있는 방법은 무엇일까? 답은 의외로 간단하다. 부모의 깊은 사랑을 보여주면 된다. 이미 깊이 사랑하고 있다는 것도 안다. 하지만 그 깊은 사랑의 모습을 일관되게 보여줄 수 있어야 하는데, 의식적으로 노력해도 며칠밖에 버틸 수 없는 한계가 있다. 그것은 부모가 아이들을 마음 깊은 곳으로부터 이해하지 못한다는 것을 의미한다. 부모 자신의 삶에 체화되지 않은 것은 자연스럽게 오래도록 한결같이 보여줄 수 없는 것이다. 그러기에 부모는 아이들이 변하기에 앞서 먼저 변해야만 하는 존재이다.

우리 부모들은 힘을 길러야 한다. 부모 말은 귓등으로 듣고, 제멋대로이기만 한 아이를 이해한다는 것은 쉽지 않다. 윽박이라도 질러서 빨리 교정해주고 싶은 마음을 참는 것도 쉽지 않을 것이다. 그러나 나 중심으로 생각하면 화나는 일이지만, 아이를 중심으로 생각하면 참으로 가슴 아픈 일이다. 어쩌면 아이들이 보여주는 지금의 모습은 모두 부모인 우리가 보여준 것의 산물이므로 화를 내기보다 책임감이 느껴져야 하고, 이 지경에 몰린 아이가 측은하게 보여야 마땅하다. 그런데 우리는 소리부터 지르고 나중에서야 측은지심을 느끼게 되니 아이들에게 진심이 전해질 리가 없다.

아이들의 신뢰를 회복하려면 부모 자신들의 마음과 모습이 회복되어야 한다. 처음에는 의식적으로 하더라도, 결국은 마음으로부터 아이들을 이해하고 도움을 줄 수 있어야 한다.

'지금쯤 엄마가 소리를 지를 때가 됐는데, 왜 안 그럴까?' 하는 생각을 아이가 할 때까지 참아야 한다. 한두 번 그런다고 해서 아이들이 부모를 쉽게 신뢰하지는 않는다. 한 번 두 번 계속 해봐도 절대 소리부터 지르는 것이 아니라 '그래도 너를 사랑한다. 그리고 너를 믿는다' 는 부모의 확고한 사랑만이 아이들에게서 신뢰를 얻는 길이다.

사랑한다는 것에는 고통이 따른다. 하지만 신기하게도 사랑의 대가로 받는 고통은 기쁨을 준다. 이는 부모라면 누구나 공감할 수 있는 것임에도 불구하고 점차 나의 노력은 쏙 빠지고 말로만 돈으로만 해결하려는 경향이 있다.

아이들과 맛있는 것을 먹을 때를 생각해보자. 아이들이 너무 맛있다며 잘 먹을 때 부모들은 어떻게 하는가. 나도 먹고 싶지만 참는다. "엄마는 됐어. 실컷 먹어." 이렇게 고통을 감수한다. 그런데 고통을 받으면 마음이 좋지 않아야 정상이지만, 사랑하는 아이들을 위한 것이라면 그 고통은 오히려 기쁨이 된다.

그런데 우리 부모들이 고통을 참을 수 있는 데에는 어떤 기준이 있는 듯 보인다. 다소 애매하기도 한 이 '기준' 이란 자기 마음에 드는가 들지 않는가이다. 자식이 맛있게 먹는 것은 우리 자식 튼튼해지고 쑥쑥 자라게 하는 것이니 내몫까지 준다 해도 아깝지 않다. 그런데 내 뜻대로 행동하지 않고 공부하지 않는 아이는 그저 못마땅하여 그 모습을 인내하며 바라봐줄 수가 없다. 이제 달라져야 한다. 내 아이지만 내 기준으로 보지 말자. 무조건 믿어주고 끝까지 사랑해주자.

부모는 실력자를 길러낼 수 있다

누누이 강조했듯이 우리 자녀는 성적만 좋은 사람이 아니라, 실력까지 갖춘 사람이 되어야 한다. 성적은 우리 부모가 아니라도 올려줄 수 있다. 그러나 실력은 부모 아닌 다른 사람이 길러주기 어렵다.

커리어가 빵빵한 부모, 또는 내세울 만한 커리어가 없는 부모 모두 실력 면에서는 지레 우쭐할 것도 주눅들 것도 없다. 진정한 실력은 그렇게 단순히 성적이나 커리어로 측정할 수 있는 것이 아니기 때문이다.

부모들 중에 어려서부터 머리가 영특하여 계속 수석만 하고, 좋은 대학 나오고, 남들이 부러워하는 전문직을 가진 A가 있다. 반면 평범한 지능에 학력도 보잘것없지만, 그와 무관하게 자신만의 특성과 재능을 발휘하며 사는 B가 있다. 굳이 이 둘을 비교한다면 자녀 교육에 있어서는 B가 A보다 자녀에게 큰 영향을 미칠 가능성이 높다. 상대적으로 비교하면 A가 더 능력자로 보일지 몰라도 B야말로 작지만 자신의 능력을 극대화해본 사람이기 때문이다.

박지성 선수와 히딩크 감독이 있다. 현재의 박지성 선수는 세계가 알아주는 실력자임에 틀림없다. 축구의 테크닉 면에서 보자면 박지성 선수가 히딩크 감독에 비하여 월등한 것도 두말하면 잔소리다. 이렇게 단순히 능력적인 측면에서 보면 히딩크 감독이 뒤처지지만, 박지성 선수를 진두지휘할 수 있는 사람은 히딩크다. 여기서 우리가 알 수 있는 것은 능력이 작아도 실력자를 키울 수 있다는 사실이다. 단, 히딩크 감독은 자신의 능력을 극대화해본 경험이 있다는 점이 중요하다. 능력의 크고 작음은 그리 중요하지 않다. 자신을 극대화해본 경험이 있는 사람만이 실력자를 키워낼 수 있다.

우리의 자녀가 나보다는 괜찮은 사람이 되기를 바라는가? 우리의 자녀가 자신의 능력을 극대화하여 진정 실력 있는 사람이 되기를 바라는가? 다시 말해두지만 부모가 명문 대학을 나오고, 누구나 알아주는 직업을 갖는 것 등은 자녀를 잘 기르는 능력이 될 수 없다. 내가 가진 능력이 크든 작든 상관없이 최대한 발휘해본 사람의 자신감과 경험만이 자녀를 실력자로 길러낼 수 있다.

3. 매일 조금씩 천천히

실행력을 키우자

★ 자녀에게 꿈을 꾸라고 말하는 부모로서 나의 꿈을 꾸고,
　또 그 꿈을 이룰 수 있는 힘 기르기.
★ 아이를 변화시키기 전에 나 자신이 먼저 변화하기.
★ 아이의 능력을 극대화시키기 위해 나의 능력을 극대화하기.

말은 좋은데 이 모든 것을 과연 어떻게 해나가야 한단 말인가? 아이들에게 말로만 이래라 저래라 하는 것은 쉬웠다. 허리띠를 졸라매고 사는 것이 힘들다 해도 돈으로 교육시키는 것이 오히려 쉬웠다.

아이를 부모가 옳다고 생각하는 모습대로 키우려면 나부터 변하라고 한다. 이러면 누구든지 막막하고 숨이 턱 막힐지 모르겠다. 아니면 너무도 거창해서 엄두가 나지 않을지도 모른다. 하지만 비법은 평범한 것에 있다.

누구나 자연스레 아이를 낳아 부모가 된 것처럼, 누구나 먹어야 사는 것처럼, 사람이라면 누구나 할 수 있는 것에 답이 있다. 이 세상에 비법이란 원래 평범한 것을 수행해내는 것에 있기 때문이다.

사람은 누구나 매일매일 하루 세끼 식사를 하며 살아간다. 이 세상

어느 누구도 한 번에 365일치를 먹고 일년 동안 굶을 수는 없다. 잠 자는 것도 마찬가지이다. 왕창 안 자다가 또 왕창 자고 이렇게 할 수 없다.

현재 우리의 몸은 매일매일 조금씩 천천히 이루어왔던 것의 결과물이다. 그러므로 '매일 조금씩 천천히'라는 말은 그리 멋스러워 보이는 말은 아니지만, 진정한 파워는 바로 이렇게 평범한 우리의 순간순간으로 채워지는 것이기에 위대하다.

진정한 변화는 감지할 수 없는 것이다. 사람들을 보면 속성으로 진행되는 것에 주목한다. 다이어트를 하며 한 달에 10kg을 뺐다면 깜짝 놀라서 부러워한다. 갑작스러운 변화는 일단 주목받을 수 있을지는 몰라도 진정한 다이어트라면 운동과 적절한 식습관으로 장기간에 걸쳐 조금씩 체중이 줄어들어야 진짜다.

나와 사랑하는 우리 자녀들의 삶처럼 소중한 것은 반드시 진짜여야 한다. 갑작스러운 변화가 아닌, 먼 훗날의 변화가 아닌 내실 있는 진정한 변화 말이다. 비법은 단 한가지, 바로 이것이다. '매일 조금씩 천천히.'

하루 30분 매일 조금씩 천천히

★ 자녀의 생각을 정확하게 읽어낼 수 있는 부모.

★ 자녀의 말 한마디, 작은 변화에도 민감하고 본질적으로
반응할 수 있는 부모.

★ 늘 말만 앞섰던 모습에서 뜻한 바를 바로 실천에 옮기는
실행력 있는 부모.

★ 군림하는 부모가 아닌 자신의 모습을 되돌아볼 수 있는 겸손한
부모.

★ 자녀의 부족한 부분에서조차 발전의 가능성을 발견하고
격려해줄 수 있는 부모.

자녀에게 이처럼 좋은 부모가 되어주고 싶지만, 좋은 책을 읽거나 강연을 들어보아도 진짜 내 것이 되지 않아 절망했던 적이 얼마나 많았는가. 이렇게 자녀교육에 관심이 깊고, 실질적으로 본보기가 되어주고 싶었지만 어떻게 해야 진정한 변화를 일구어낼 수 있을지 고민했던 부모라면 이제 매일매일 조금씩 꾸준히 실천해보자.

하루 30분 나의 지력, 심력, 체력, 자기관리력, 인간관계력 이상의 5가지 능력을 키워보자. 아주 작은 실천이지만, 매일매일 세수를 하듯 꾸준히 내면의 밭을 일구어주면 분명히 변화되는 나 자신과 만나게 된다.

만약에 좋은 부모로 거듭날 수 있는 워크숍이 있는데 일주일 동안 실시된다고 하면, 결정 내리기가 쉽지 않을 것이다. 집안 일도 있고, 직장 일도 있고 여러 가지로 참 어려운 일이라 생각될 것이다. 그러나 실제로는 하루 30분을 매일매일 실천하는 것이 더욱 어렵고 힘든 일이다. 평생

중에 일주일 동안 시간을 내는 것은 눈 딱 감고 결정해서 참여만 하면 이루어진다. 하지만 매일매일 꾸준히 30분을 시간 내어 실천한다는 것은 정말 힘든 일이다. 어찌 보면 하찮아 보이는 일, 그러나 너무도 어려운 일이기에 이것이야말로 진정 위대한 실천이다. 용기를 내어 나에게 버려지는 30분을 값지게 일구어보자.

1. 독서하기(10분)

내 삶에 있어 지표가 되어줄 만한 책을 선정하여 매일 10분씩 읽는다. 읽을 때에 글쓴이가 독자에게 전하고자 하는 주제가 무엇인지 염두에 두며 읽는다.

2. 묵상하기(5분)

독서를 하면서 내 마음에 와닿는 문장이나 단어에 밑줄이나 동그라미를 표시하고, 왜 마음이 끌리는지 느낀 점을 쓴다. 그리고 느낀 점과 관련하여 24시간 안에 실천할 수 있는 내용을 한 가지 적고, 실천하도록 노력한다.

3. 운동하기 또는 예술활동 하기(15분 이상)

1주일에 3회 간단한 체조와 걷기를 실천한다. 실천하지 못했을 경우에 어떤 이유로 실천하지 못했는지 기록해둔다.

1주일에 3회 자신이 좋아하는 악기(피아노, 기타, 우쿠렐레, 첼로 등)를 연주하거나, 그림을 그리거나, 산책을 하며 자연을 감상하는 시간을 갖자. 즐거운 마음으로 할 수 있도록 자신에게 맞는 활동을 선택한다.

4. 한줄일기 쓰기

오늘 하루를 보내고, 누군가를 미워하는 등 갈등을 겪은 일에 대하여 나의 오만함을 찾아내어 써보자.

5. 한줄편지 쓰기

오늘 하루를 보내고, 누군가를 미워하는 등 갈등을 겪은 일에 대하여 상대방을 높이는 한줄 편지글을 써보자.

하루 30분 매일 조금씩 천천히

1. 독서하기(10분)

내 삶에 있어 지표가 되어줄 만한 책을 선정하여 매일 10분씩 읽는다. 읽을 때에 글쓴이가 독자에게 전하고자 하는 주제가 무엇인지 염두에 두며 읽는다.

인도네시아의 세레베스 섬 사람들은 생계의 수단으로 원숭이를 사로잡아 관광객들에게 판다. 그런데 그들의 원숭이 잡는 방법은 아주 독특하다.

그 지방에는 길고 단단한 호박이 잘 자라는데, 아이들은 그 호박이 작을 때 중간 부분을 끈으로 꼭 묶어 한쪽은 계속 성장하게 두고, 다른 한쪽은 길쭉하게 자라지 못하도록 한다. 호박이 단단해지면 그것을 따서 속을 다 긁어 파내어 목이 좁은 유리병처럼 만든다. 소년들은 그 호박을 큰 나무 기둥에 꽁꽁 묶어 놓고 그 속에 쌀을 반쯤 채워 넣는다.

그러면 쌀을 좋아하는 원숭이들이 쌀 냄새를 맡고 호박 근처로 모여든다. 그 중의 한 놈이 잘 살펴보고는 호박 속으로 손을 넣어 쌀을 한 줌 움켜쥔다. 원숭이의 손은 들어갈 때에는 빈손이라 잘 들어가지만, 쌀을 한 줌 움켜쥔 후에는 결코 빠지지 않는다. 원숭이는 애를 쓰지만, 손에 움켜쥔 쌀을 포기하지 않는 한 아무런 소용이 없다.

원숭이가 안간힘을 쓰고 있는 동안에 아이들은 대나무로 엮은 통을 가지고 와서 원숭이를 그 속에 잡아 넣는다. 그런데 참으로 웃기는 것은 원숭이가 그 통 속에서도 여전히 손에 쌀을 움켜쥐고 있다는 사실이다.

작은 이익을 포기할 때 더 큰 것을 얻을 수 있다는 사고방식으로 우리 모두가 일상의 작은 일에서부터 실천해나간다면, 혹시라도 우리 자신이 빠져 있을지 모르는 원숭이의 아둔한 욕심에서 벗어날 수 있을 것이다.

2. 묵상하기(5분)

독서를 하면서 내 마음에 와닿는 문장이나 단어에 밑줄이나 동그라미를 표시하고, 왜 마음이 끌리는지 느낀 점을 쓴다. 그리고 느낀 점과 관련하여 24시간 안에 실천할 수 있는 내용을 한 가지 적고, 실천하도록 노력한다.

> 느낀점 : 내가 좋아하는 것이 손에 이미 들어와 있을 때 포기하기란 참 어렵다. 손에 있는 작은 것을 잃지 않으려고 발버둥치다가 더욱 큰 것을 잃을 수도 있다는 걸 명심하자.
>
> 24시간 안에 실천할 내용 : 더 먹고 싶을 때 수저 내려놓기.

3. 운동하기 또는 예술활동 하기(15분 이상)

1주일에 3회 간단한 체조와 걷기를 실천한다. 실천하지 못했을 경우에 어떤 이유로 실천하지 못했는지 기록해둔다.

1주일에 3회 자신이 좋아하는 악기(피아노, 기타, 우쿨렐레, 첼로 등)를 연주하거나, 그림을 그리거나, 산책을 하며 자연을 감상하는 시간을 갖자. 즐거운 마음으로 할 수 있도록 자신에게 맞는 활동을 선택한다.

> 운동 : 은행 가는 길에 버스 타지 않고 두 정거장 걷기.

4. 한줄일기 쓰기

오늘 하루를 보내고, 누군가를 미워하는 등 갈등을 겪은 일에 대하여 나의 오만함을 찾아내어 써보자.

> 아이가 집에 와서 독서는커녕 숙제도 안 하고 빈둥거리는 걸 보고 마구 화를 퍼부었다.

5. 한줄편지 쓰기

오늘 하루를 보내고, 누군가를 미워하는 등 갈등을 겪은 일에 대하여 상대방을 높이는 한줄 편지글을 써보자.

> 엄마도 오늘 아침 설겆이도 쌓아두고 아침방송에 빠져 게으름을 피워놓고 너에게만 야단을 쳤구나. 설사 엄마가 충실히 하루를 보냈다 하더라도 너에게 화낸 것은 잘못이야. 미안해.

직접 해보기 하루 30분 매일 조금씩 천천히

1. 독서하기(10분)

내 삶에 있어 지표가 되어줄 만한 책을 선정하여 매일 10분씩 읽는다. 읽을 때에 글쓴이가 독자에게 전하고자 하는 주제가 무엇인지 염두에 두며 읽는다.

인도네시아의 세레베스 섬 사람들은 생계의 수단으로 원숭이를 사로잡아 관광객들에게 판다. 그런데 그들의 원숭이 잡는 방법은 아주 독특하다.

그 지방에는 길고 단단한 호박이 잘 자라는데, 아이들은 그 호박이 작을 때 중간 부분을 끈으로 꼭 묶어 한쪽은 계속 성장하게 두고, 다른 한쪽은 길쭉하게 자라지 못하도록 한다. 호박이 단단해지면 그것을 따서 속을 다 긁어 파내어 목이 좁은 유리병처럼 만든다. 소년들은 그 호박을 큰 나무 기둥에 꽁꽁 묶어 놓고 그 속에 쌀을 반쯤 채워 넣는다.

그러면 쌀을 좋아하는 원숭이들이 쌀 냄새를 맡고 호박 근처로 모여든다. 그 중의 한 놈이 잘 살펴보고는 호박 속으로 손을 넣어 쌀을 한 줌 움켜쥔다. 원숭이의 손은 들어갈 때에는 빈손이라 잘 들어가지만, 쌀을 한 줌 움켜쥔 후에는 결코 빠지지 않는다. 원숭이는 애를 쓰지만, 손에 움켜쥔 쌀을 포기하지 않는 한 아무런 소용이 없다.

원숭이가 안간힘을 쓰고 있는 동안에 아이들은 대나무로 엮은 통을 가지고 와서 원숭이를 그 속에 잡아 넣는다. 그런데 참으로 웃기는 것은 원숭이가 그 통 속에서도 여전히 손에 쌀을 움켜쥐고 있다는 사실이다.

작은 이익을 포기할 때 더 큰 것을 얻을 수 있다는 사고방식으로 우리 모두가 일상의 작은 일에서부터 실천해나간다면, 혹시라도 우리 자신이 빠져 있을지 모르는 원숭이의 아둔한 욕심에서 벗어날 수 있을 것이다.

2. 묵상하기(5분)

독서를 하면서 내 마음에 와닿는 문장이나 단어에 밑줄이나 동그라미를 표시하고, 왜 마음이 끌리는지 느낀 점을 쓴다. 그리고 느낀 점과 관련하여 24시간 안에 실천할 수 있는 내용을 한 가지 적고, 실천하도록 노력한다.

느낀점 : _____

_____

24시간 안에 실천할 내용 : _____

3. 운동하기 또는 예술활동 하기(15분 이상)

1주일에 3회 간단한 체조와 걷기를 실천한다. 실천하지 못했을 경우에 어떤 이유로 실천하지 못했는지 기록해둔다.

1주일에 3회 자신이 좋아하는 악기(피아노, 기타, 우쿠렐레, 첼로 등)를 연주하거나, 그림을 그리거나, 산책을 하며 자연을 감상하는 시간을 갖자. 즐거운 마음으로 할 수 있도록 자신에게 맞는 활동을 선택한다.

운동 :

4. 한줄일기 쓰기

오늘 하루를 보내고, 누군가를 미워하는 등 갈등을 겪은 일에 대하여 나의 오만함을 찾아내어 써보자.

5. 한줄편지 쓰기

오늘 하루를 보내고, 누군가를 미워하는 등 갈등을 겪은 일에 대하여 상대방을 높이는 한줄 편지글을 써보자.

4. 진정한 변화에는 고통과 인내가 수반된다

사랑의 힘은 위대하다고 한다. 사랑하는 자녀를 위해 새로이 꿈이란 것을 생각해보고, 생활 패턴을 바꾸어 모범을 보이고, 나 중심이었던 생각의 방향을 자녀 중심으로 돌리고, 끝까지 믿음을 보여주는 인내력을 발휘할 정도면 과히 위대하다고 할 만하다. 불가능에 가까운 경지임에도 불구하고 무던히도 도전하는 많은 부모들을 만나왔는데, 그 원동력은 다름 아닌 아이에 대한 사랑에 있었다.

그러면 이렇게 변화한 부모의 자녀는 모두 변화되었을까? 절대 그렇지 않다. 이유는 간단하다. 이것이 아이를 변화시키는 동력이 아니기 때문이다. 물론 부모의 변화는 필요하지만, 이것이 직접적인 요인은 아니라는 뜻이다.

때로는 오히려 아이를 더욱 옥죄는 무기가 되기도 한다. 이렇게 힘든 과정을 이겨낸 부모가 경계해야 할 것은 자부심이다. 스스로 잘해냈다는 안도감은 자녀가 제대로 해내지 못할 때 또 하나의 우월감으로 작용할 가능성이 높다. 이렇게 되면 부모의 모습은 자녀의 변화에 악영향을 미치는 결과를 낳을 뿐이다.

이렇게 변화에 도전하고 또 일시적이나마 성과를 일궈낸 사람들은 대부분 '해냈다'는 결과에 주목하기 쉽지만, 중요한 것은 그것이 아니다. 핵심은 '과정에 대한 이해'에 있다.

뉴턴의 운동 법칙 중에 관성의 법칙을 알 것이다. 외부에서 힘이 가해지지 않는 모든 물체는 지금 상태를 유지하려는 속성을 지니는데, 이는 물리학에서만 존재하는 것은 아닌 듯하다. 변화를 시도해본 사람이라면 지금까지 살아온 나의 생활과 생각의 패턴을 바꾼다는 것이 얼마나 어려운 일인지를 안다. 그렇기 때문에라도 부모라면 '해냈다'는 결과보다 과정의 어려움을 볼 수 있어야 한다. 변화의 결과보다 과정의 고통에 밑줄 그을 수 있는 부모가 된다면 그때 비로소 우리 아이들의 변화가 왜 그리 어려운지 이해할 수 있다. 과정의 어려움을 이해하는 자만이 결과가 늦어져도 인내할 수 있으며, 그 고통을 함께 할 수 있다.

실천의 고통에 공감할 때 자녀의 변화는 시작된다. 아이들은 실천하는 부모가 자신의 성장을 위해 고통스러워하며 인내하는 모습을 바라보면서 자신에 대한 부모의 사랑과 믿음을 인식한다. 바로 이 순간이다. 그것을 인식하는 순간 자녀는 진정한 변화의 길로 접어들게 된다. 이것이 바로 아이를 변화시키는 동력이다.

가정주부 L씨는 집안에서 언제나 모범을 보이려 노력해왔다. 평소에 TV 시청도 잘 하지 않고, 도서관을 드나들며 언제나 책 읽는 모습을 보였고, 운동도 꾸준히 하면서 허투루 시간 보내는 법이 없었다. 그러나 L씨는 자신에게 엄격한 만큼 아이나 남편이 잘 따라주지 않을 때마다 큰 스트레스를 받곤 했다. 가장 큰 적은 TV였다. 쉬는 날이면 TV 앞을 떠날 줄 모르는 남편을 바라볼 때마다 '아빠가 그러니까 아이들도 덩달아 TV만 보게 되는 것'이라며 투덜거렸고, 그럴수록 자신은 웅웅거리는 TV 소리 속에서 책을 펴고 남편의 게으름에 맞서곤 했다.

아이들과 남편이 외출을 하고 홀로 남았던 어느날, L씨는 10년이 넘도록 노력해온 자신의 모습이 얼마나 보잘것없는 것이었는지 깨닫게 되었다. 소파에 누워 홈쇼핑과 예능 프로그램 채널을 이리저리 돌리며 몇 시간을 보냈던 것이다. 평소에는 예능 프로그램을 보면서 히히덕거리는 아이들에게 쓸 데 없는 것 보지 말라고 큰소리치곤 했었는데 말이다. L 씨는 아무도 보지 않는 자유 속에서 자신이 이렇게 한순간에 허물어지는 것을 보면서, 이것이야말로 자신의 본모습임을 알게 되었다. 동시에 변화라는 것이 얼마나 쉽지 않은지 다시금 생각하게 되었다. 하물며 항상 TV 앞에 머물던 남편의 모습이, 엄마의 기준에는 너무 멀었던 아이들의 모습이 변화되기란 얼마나 힘든 것인지 알게 되었다. 이런 경험 이후 L씨는 보다 너그러워졌다. 그리고 조금이라도 나아지는 가족들의 모습에 진정 감사할 수 있게 되었다. 진정한 변화란 말처럼 쉬운 것이 아님을 알게 된 것이다.

4부

행복을 꿈꾼다면
행복한 교육을

1. 성적은 실력이 아니다

보이지 않는 가치가 실력이다

우리는 높은 성적을 실력과 동일시하는 경향이 있다. 실력이란 한눈에 알아보기 쉽지 않지만, 성적은 명료하게 나타나므로 높은 성적으로 실력을 가늠한다. 따라서 자녀의 실력 향상에 관심을 갖고 있는 부모들은 자녀가 상위권에 오르기를, 좀더 욕심을 부린다면 1등을 하면 좋겠다고 바란다.

성적과 실력이 동일해야 마땅하지만 우리의 현실은 그렇지 못하다. 우리나라는 광복 이후 자녀 교육에 커다란 관심과 노력을 기울여왔다. 그 결과 박사나 교수는 많이 배출되었을지 모르지만 학문의 대가는 배출되지 못했다. 성적과 실력의 괴리는 우리 교육의 큰 문제가 아닐 수 없다. 우리 교육은 일기 쓰기를 그토록 강조했지만 일기 쓰지 않는 사람을 만들었고, 독서 교육으로 독서하지 않는 사람을 만들었다. 또 영어 성적은 높지만 외국인과 말 한 마디 나누기 어렵고, 윤리 성적은 높아도 윤리의식은 떨어지며, 수학 성적은 높아도 논리적으로 사고할 줄 모른다. 뿐만 아니라 역사 성적은 높지만 역사를 보는 눈, 시대를 보는 눈을 갖고 자기 삶을 주도적으로 이끌어가는 사람을 만나기도 쉽지 않다. 어리석게도 눈에 보이는 성적을 좇다 본질적인 실력을 놓쳐버리는 것이 우리의 모습인 것이다.

이처럼 겉으로 드러나는 것에 매몰되다보니 성적이 '사람됨'을 판별하는 기준으로 오용되고 있다. 성적이 나쁜 학생은 그 이유 하나만으로 사람 취급을 못 받기 일쑤다. 똑같은 지각을 해도 1등인 아이에게는

"공부하느라 힘들어서 그랬나보다. 그럴 만한 사정이 있었겠지."

하며 너그럽게 생각하는 반면에, 꼴등인 아이가 지각을 하면

"도대체 뭘 하면서 돌아다니기에 지각까지 하는 거야? 저렇게 정신 상태가 나태하니까 성적이 좋게 나올 리가 있나."

이렇게 명확한 이유를 알기도 전에 근거 없는 선입견으로 바라보는 것이 우리의 현실이다. 겉으로 보이는 '성적'이 보이지 않는 그 사람의 '됨됨이'까지 규정짓는 현실, 이것이 우리의 자연스러운 모습이지만 조금만 깊이 생각해보면 모순이 아닐 수 없다. 같은 잘못을 해도 성적이 좋은 아이는 용서를 받고 성적이 안 좋으면 야단을 맞는 현실은, 성적이 모든 것의 기준이 되며 사람의 '중심'까지 판단하는 '기준'으로 오용되고 있음을 보여주는 증거이다.

현란한 겉모습을 추구하느라 외면되곤 하는 본질은 교육의 효과를 왜곡시켜 지적 자질과 인성 자질이 제대로 배양되지 못하는 결과를 초래했다. 공부를 좋은 성적을 얻기 위한 도구로만 여기므로, 공부가 사람으로서 사는 데 필요한 지적 자질과 인성 자질을 배양하는 장치로서의 기능이 상실되었다.

다음은 미당 서정주의 시이다.

제목 : 국화 옆에서

한 송이의 국화꽃을 피우기 위해
봄부터 소쩍새는
그렇게 울었나 보다

(중략)

노오란 네 꽃잎이 피려고
간밤에 무서리가 저리 내리고
내게는 잠도 오지 않았나 보다

학창 시절 누구나 암기하고 읊었던 시이다. 그러나 지금 이 시를 제
대로 외우는 사람은 그리 많지 않다. 여기서 의문이 든다. 이렇게 조금
만 지나면 다 잊어버릴 시를 왜 그토록 외우며 공부했을까? 서정주의 시
를 외우지 않았다고 해서 인생에 크게 곤란당할 것도 없는데 왜 우리는
그렇게 열심히 공부하고 외웠던가? 다른 과목도 마찬가지다. 예컨대 만
유인력의 법칙, 피타고라스의 정리, 상대성 원리, 질량보존의 법칙 등을
공부한 이유는 뭐였을까? 우리는 공부를 통하여 분명 지식을 습득한다.
그러나 더욱 본질적인 목적은 지식을 습득해나가는 과정을 통해서 인간
이 인간답게 살아가는 데 필요한 지적 자질과 인성 자질, 예컨대 탐구
력, 관찰력, 분석력, 상상력, 추리력, 유추력, 이해력, 창조력, 적용력 등

의 자질을 배양하려는 목적이 있는 것이다. 지식을 배우는 것을 넘어 부모로서, 가장으로서, 한 사회나 조직의 구성원 또는 리더로서 맡겨진 일을 제대로 감당할 수 있기 위해서 비록 금새 잊어버릴지라도 외우고, 주제와 소재를 찾고, 시험을 통해 재확인하는 과정이 필요한 것이다. 그런데 성적 위주의 교육에 매몰되다보니 공부의 과정은 무시해버리고 오직 답만을 추구하다 지적 자질과 인성 자질이 제대로 배양되지 못하였다.

교육은 즐거워야 한다. 그런데 그 즐거움은 무시되고, 자꾸 버거운 것들을 해내고 성적으로만 평가되니 즐거움을 찾지 못하고 교육의 본질로부터 점점 멀어져가기만 한다. 성적 위주의 교육이 지적으로는 큰 성장을 이루었는지 모르지만, 그 지식을 운용할 수 있는 사람됨까지 키웠다고 자신할 수 있을까. 보이지 않는 내면의 힘이 담보되지 않은 성과에만 연연하는 우리의 교육은 행복을 이끌어갈 힘이 되어주지를 못했다.

우리는 자녀들의 행복을 위해서 성적만을 최우선시하는 시각을 교정할 필요가 있다. 성적만으로는 우리 아이들이 진정으로 행복하게 살아갈 힘을 기를 수 없기 때문이다. 우리 아이를 성적만 좋은 아이로 키울 것인가, 실력도 좋은 아이로 키울 것인가. 당연히 성적만 높은 아이로 키우고 싶어하는 부모는 없을 것이다.

우리 아이들을 진정한 실력을 갖춘 자, 자신의 삶을 행복하게 운용할 수 있는 능력자로 이끌기 위해, 부모가 먼저 해야 할 일이 있다. 부모가 먼저 성적보다 실력에, 보이는 것보다 보이지 않는 것에서 가치를 찾아야 한다. 이 세상의 그 어떤 아이도 양육자인 부모의 가치관에서 벗어나 성장할 수는 없으니 말이다.

변화의 도구가 실력이다

성적이 높다는 것을 대략 상위 10%라고 했을 때 성적이 높아야만 행복하다면, 상위 10%는 행복하고 나머지 90%는 불행하다는 말이 된다. 마치 흑백논리처럼 비현실적으로 느껴지는 이 논리는 슬프게도 우리의 현실이다. 우리 교육의 더욱 큰 문제는 패배감에 젖은 90% 대다수에게 희망이 되어주지 못한다는 점이다. 대다수를 불행으로 몰고가는 교육이 진정한 교육이라 할 수 있을까? 만약에 참여자 중 10%만이 만족감에 젖고, 90%는 패배감에 휩싸이게 만드는 환경이 있다면, 자녀를 그런 곳에 보내려는 부모는 없을 것이다. 하지만 개인의 힘으로 어찌해볼 수 없는 이 커다란 오류는 우리의 현실이며, 이 앞에서 보통의 부모들이 할 수 있는 일이란 그저 상위권 성적을 낼 수 있도록 열심히 뒷바라지하는 것뿐이다.

그렇다면 상위 10%에 오르면 과연 행복이 보장될까? 성적에 비례하여 실력까지 갖춰준다면 모를까 아등바등 성적만 좇는 방식이라면 그야말로 행복은 성적순이 될 수 없다. 그럼에도 불구하고 우리는 실력보다는 우선 눈으로 증명되는 성적에 연연할 수밖에 없다. 왜냐하면 높은 성적만이 세상으로부터 인정받을 수 있는 근거이며, 성공으로 가는 길을 열어주는 티켓이라 확신하기 때문이다. 상황이 이렇다보니 우리 부모들이 자녀의 행복한 미래를 위해 공부가 가장 중요한 요인이라고 생각하는 것도 무리는 아니다.

교육의 목적이라는 측면에서 봤을 때 우리는 돈과 명예와 권력을 염두에 두고서 자녀에게 공부할 것을 강조한다. 그런데 현실적으로 돈과 명예와 권력을 가진 사람이 그다지 많지 않다. 이를 뒤집어 생각해보면 간단하다. 돈·명예·권력은 공부를 잘한다고 해서 반드시 얻어지는 것이 아니라는 말이다.

돈·명예·권력 때문이 아니라면 우리는 무엇을 위하여 공부를 해야 할까? 교육이란 수학이나 외국어 공부와는 또 다른 개념이다. 흔히 우리는 '저 사람은 영어를 마스터했어' '방정식을 마스터했어' 라는 표현을 쓰지만, 교육이란 이보다 훨씬 큰 개념이다. 박사 학위를 딴 사람조차도 교육을 마스터했다고 말하는 이는 없다. 교육이란 일생을 두고 진행되는 변화의 도구여야 한다. 그러므로 우리가 자녀에게 그토록 강조하는 교육은 솔직히 말하면 도달할 수 있는 목적지가 아니라 삶 자체와 함께하는 것, 보다 나은 내일을 위하여 끊임없이 함께하는 것이어야 한다.

가만히 생각해보자. 우리 자녀가 공부를 열심히 하여 돈·권력·명예를 얻었다 할지라도 그 상태는 영원히 보장되지 않는다. 그리고 누구에게나 고난의 순간은 오게 마련이다. 그러한 고비를 잘 넘겨서 더욱 발전하는 사람이 있는가 하면, 하염없이 추락하는 사람도 있다.

우리 자녀가 지금은 비록 별 볼 일 없을지라도, 또 때로는 너무도 고통스러워 견디기 힘들어하더라도 이를 극복할 수 있는 힘을 가졌다면, 이루지 못할 것이 무엇이겠는가. 교육이란 이렇게 보다 나은 내일을 위한 도구이며, 어떠한 고난이 와도 이겨낼 수 있는 변화의 도구가 되어야 한다.

따라서 우리는 자녀에게 공부를 강조해야만 한다. 불안정한 돈·명예·권력에 도달하기 위해서가 아니라, 때로 목적한 바를 이루지 못하고 실패하더라도 딛고 일어나 극복할 수 있는 힘을 키우기 위해서 말이다. 가득 잡아놓은 물고기는 언젠가는 다 떨어지게 마련이다. 그렇지만 다시 잡을 수 있는 능력만 있다면 무엇이 걱정이겠는가.

2. 패러다임의 변화가 필요하다

지금의 사회가 보편적으로 지향하는 성공 중심의 교육과 적성·능력 발현 교육은 패러다임이 완전히 다르다. 지금의 틀에서 벗어나려면 패러다임의 전환이 필요하다. 그렇다면 어떤 기준하에 어떻게 바뀌어야 할까? 다음의 3가지 원리를 살펴보자.

제1원리 - 올바른 방법이어야 한다.
제2원리 - 전면적 접근이어야 한다.
제3원리 - 구체적인 커리큘럼이 있어야 한다.

첫째, 올바른 방법이어야 한다

일반적으로 우리는 성공하기 위해서 열심히, 집중해서, 오랜 시간 노력해야 성공할 수 있다고 생각한다. 틀린 말은 아니다. 그렇지만 여기에는 중요한 기본이 빠져 있다. 올바른 방법이 아니라면 아무리 열심히 집중하여 오랜 시간을 노력한다 해도 소용이 없기 때문이다.

수영을 예로 들어 보자. 나는 어려서 시골에서 자랐기 때문에 여름이면 개울에 나가 놀면서 소위 개헤엄을 배웠다. 개헤엄도 열심히 연습하니까 큰 저수지를 왕래할 수 있을 정도로 꽤 잘할 수 있었다. 그런데 우리 아이가 수영 코치로부터 체계적으로 수영을 배우더니 자신이 더 수영을 잘한다고 자랑을 하는 것이 아닌가. 이에 3개월 후에 시합을 해서 실력을 겨뤄보기로 하였다. 나는 철저한 준비를 위해 하루에 꼬박꼬박 5시간씩 연습하여 기록도 단축하는 등 자신감을 갖고 시합에 임하였다. 결과는 어땠을까? 아이의 승리다. 개헤엄으로 아무리 열심히 노력한다 해도 체계적으로 자유형을 배운 아이를 이길 수는 없다. 개헤엄처럼 바르지 않은 방법으로는 아무리 열심히 한다 해도 한계가 있다. 만약 자유형을 제대로 배워서 열심히 노력했다면 승패를 떠나 자신의 능력을 최대한 발휘할 수 있었을 것이다.

학생이 공부를 할 때도 마찬가지이다. 열심히 하면 분명 실력도 늘고 성적이 오를 것이다. 하지만 올바른 방법을 받아들이지 않았다면 자신이 갖고 있는 재능을 최대로 발휘할 수 없다. 올바른 방법이 적용되지 않으면 한계에 부딪치게 마련이고, 이를 뛰어넘을 수가 없다. 개헤엄으로는 절대로 세계 신기록을 세울 수 없는 것과 같은 이치이다.

진정으로 자신이 뜻한 바를 이루어내고, 성취감을 맛보고 행복감에 젖기 위해서라면 올바른 방법을 선택하는 것은 무엇보다 중요하다. 방법이 틀리면 목적지에 도달할 수 없으며, 제 아무리 좋은 패러다임이라도 효능이 없기 때문이다.

둘째, 전면적 접근이어야 한다

요즘 우리의 자녀 교육은 높은 성적을 얻는 것에 집중되어 있다. 하지만 이것은 인간의 여러 요소를 생각할 때 지극히 편협하고 단면적인 접근이 아닐 수 없다. 자신의 타고난 적성을 제대로 발휘하는 교육이 되려면 우선 교육 방식이 전면적으로 바뀌어야 한다.

우리는 흔히 누구나 열심히 공부하면 잘할 수 있는데 열심히 하지 않아서 못하는 것이라 생각한다. 이 또한 얼마나 단면적인 판단인지 모른다. 공부를 잘 가르쳐 준다고 해서 모두 공부를 잘할 수 있는 것은 아니다. 받아들일 수 있는 능력이 없다면 아무리 좋은 것을 주어도 소용이 없다. 잘 받아들이지 못하는 원인은 가르침과 배움 사이에 간격이 있기 때문이다. 이 간격을 극복하려면 받아들일 수 없는 원인을 찾아 이를 해결할 수 있는 능력을 주어야 한다. 배움의 능력이 바뀌어야 근본적으로 교육의 열매를 만들어낼 수 있다.

실제로 아이들이 공부를 못하는 원인을 보면 단순히 공부에만 있는 것이 아니다. 우선 심력이 약하면 공부를 조금밖에 할 수가 없다. 의지력이 약하고 동기가 없고 자존감과 인생의 목표가 없기 때문에 공부에 집중할 수가 없고 그에 따른 성과가 부실한 경우도 있다.

체력이 약해도 공부에 영향을 미친다. 머리가 아파서 집중을 할 수 없다거나 허약해서 오래 앉아 있기가 어려울 수도 있다. 최근 어느 신문 기사에 의하면 한국 사람들의 58%가 운동을 전혀 안 하고, 고3의 70%가 요통을 호소한다고 한다. 공부를 너무 강조하다보니 몸이 엉망이 되어가고 있는 것이다. 운동 부족과 올바르지 않는 자세로 변비나 척추측만증, 축농증 등에 시달리고 있다.

자기관리능력이 없는 학생들도 공부하는 데에 어려움이 있다. 적절하게 시간을 운용할 능력이 떨어질 때 공부의 효율은 떨어지게 마련이다.

인간관계에 문제가 있을 때에도 공부를 잘할 수 없다. 부모로부터 상처를 받은 아이는 부모에게 반발하고픈 마음에서 공부를 안 하기도 한다. 선생님을 좋아하면 그 과목의 성적이 오르는 경우도 있다. 아이들은 좋아하는 사람을 위해서 더 열심히 할 수 있는 것처럼, 싫어하는 사람 때문에 공부하기가 더욱 싫어지기도 한다.

공부를 못하는 이유만도 이렇게 다양하다. 공부를 잘하기 원한다면 무조건 열심히 하는 것이 아니라 공부에 집중할 수 없도록 만드는 원인을 찾아 해결해주어야 한다. 지력, 심력, 체력, 자기관리력, 인간관계력 이상의 5가지 영역별로, 취약했을 때 어떤 현상으로 나타나는지 도표로 정리하면 다음과 같다.

지력	심력	체력	자기관리력	인간관계력
- 글 읽는 방식이 니쁨 - 전체를 못 보고 부분만 보려고 함	- 인생 목표가 없음 - 꿈이 없음 - 의지력 부족 - 부정적 마음 - 패배감, 열등감 - 반응력 없음	- 졸거나 피곤해함 - 관절염, 요통 - 비염, 축농증	- 시간관리능력 없음 - 우선순위 통제 못함	- 부모와의 관계 약화 - 교사와의 관계 약화 - 공동체 의식 부족

이러한 여러 가지 원인들로 인하여 개인이나 조직의 능력을 제대로 발휘할 수 없는 상황을 과학적으로 설명해주는 것이 최소량의 법칙이다. 5가지 영역 중에서 4가지가 아무리 뛰어나다고 해도 한 가지 떨어지는 면이 있다면, 자신의 능력 발휘는 가장 하위 영역의 수준으로 나타날 수밖에 없다. 공부뿐 아니라 우리 삶의 모든 영역에서 최소량의 법칙이 적용되고 있다.

일례로 회사에서 스마트한 인재를 뽑고 잔뜩 기대를 하고 있는데, 몸이 약하여 결근을 밥 먹듯이 한다면 월등한 실력은 발휘될 기회조차 없다. 인간관계력이 약할 때에도 마찬가지이다. 동료 간의 트러블을 원만히 해결하지 못해 미움을 사거나 또는 협력사와의 관계가 틀어지면 업무 성사를 막을 수도 있다.

무슨 일을 하든지 단면적으로 접근하는 것과 전면적으로 접근하는 것에는 결과의 질이 다르다. 만약 식당을 운영한다고 해도 단순히 음식을 팔아 돈을 벌겠다는 목표를 가진 사람과 어떻게 하면 더 좋은 식재료를 구해서, 더욱 저렴한 가격으로 선보여 손님의 건강까지 챙길 수 있을지를 고민하는 사람과는 같은 식당을 경영해도 삶의 만족도와 질이 다를 수밖에 없다. 공부도 마찬가지이다. 단순히 높은 성적만을 위해서 공부하는 것이 아니라 자신의 능력을 극대화하고 풍요롭게 하는 것이 진짜 이유가 되어야 한다.

　　최소량의 법칙에서 알 수 있듯이 자신의 약점을 파악하는 것은 자신의 발전을 위한 기초 중의 기초이다. 약점을 발견하고 집중적으로 개선해나간다면 자신의 능력을 향상시키는 데에 매우 효과가 있다.

　　지력, 심력, 체력, 자기관리력, 인간관계력의 정도는 DQ(Diamond-colar Quotient) 측정을 통해 활용할 수 있으며, DQ 측정(DQ 측정 : 5차원전면교육협회 www.diaedu.co.kr)을 통해 약점 위주의 전략을 세울 수 있다.

최소량의 법칙 양동이에 담을 수 있는 물의 양은 가장 낮은 면에 의해 결정된다. 무슨 일을 하든지 전면적 접근이 중요하다.

지금까지 우리의 교육은 "어떻게 하면 더 열심히, 더 많은 시간을 공부하느냐"에 초점을 맞춰왔다. 이처럼 단면적으로만 접근해왔기 때문에 그토록 열심히 공부했음에도 불구하고 근본적인 문제를 건드리지 못한 채 악순환을 거듭할 수밖에 없었다.

유대인의 교육방식을 보면 교육에 있어 전면적인 접근이 왜 중요한지 알 수가 있다. 유대인들의 전통적인 공교육 수업방식을 보면, 영어나 수학 과학 등의 입시 위주의 교육은 오후에 진행된다. 오전에는 인간 교육의 5가지 영역을 전면적으로 가르친다. 즉 기도하고 율법을 공부하고(심력), 탈무드를 공부하며(지력, 자기관리력), 이웃을 사랑하는 토라를 공부하고(인간관계력), 운동(체력)을 한다.

이렇게 삶의 기본을 탄탄히 다진 후에 학습을 하다보니 그 열매가 클 수밖에 없다. 노벨상 수상자의 1/3이 유대인이며 하버드나 예일 대학의 의대, 법대 교수의 1/2 이상이 유대인이다. 미국 최고의 재벌 중 1/3도 유대인이고, 월가의 큰손들 중 1/3이 유대인이며, 전세계적으로 인류의 각 분야에 공헌한 인사들의 1/3이 유대인이라는 통계는 우연히 이루어진 것이 아니다.

셋째, 구체적인 커리큘럼이 있어야 한다

우리가 교육을 통해 얻고자 하는 것은 변화이다. 변화라는 커다란 열매를 맺게 하는 것은 결국 구체적인 움직임에서 비롯된다. 아무리 이론이 좋고, 원리를 알고 있다 해도 이를 실천할 수 있는 구체적인 커리큘럼이 없으면 아무 소용이 없다.

예를 들어 성실과 정직을 교훈으로 삼았다면, 교과 과정 중에 이를 실천할 수 있는 프로그램이 있어야 한다. 그냥 말로만 '성실하고 정직하게 살아라'라고 한다고 해서 변화되는 것은 아니다.

교육이 이루어지는 과정을 보면, 일반적으로는 '교육은 가르치는 것'이라고 생각하기 쉽지만, 그 자체가 전부는 아니다. 교육의 과정은 3단계로 볼 수 있다. 1단계는 원리를 발견하는 단계이다. 2단계는 발견한 원리를 적용하는 단계이며, 3단계는 원리대로 변화하는 것이다. 3단계까지가 마무리되어야 비로소 교육은 완성되었다고 볼 수 있다. 변화로 가려면 중간 과정에 원리를 실천할 수 있는 교육과정(커리큘럼)이 있어야만 좋은 원리를 습득하고 자연스럽게 변화할 수 있다.

우리 아이가 공부를 잘할 수 없었던 이유가 의지력이 부족하기 때문이라고 판단되었을 때, 아이에게 "이제부터 의지력을 굳건히 해라"라는 말로써 당장 아이가 변화할 수 없다는 말이다. 구체적인 실행 프로그램이 있어야 한다. 올바른 방법을 선택하고, 전면적으로 접근한다 해도 이 역시 구체적인 프로그램이 없으면 아무 소용이 없다. 적용 커리큘럼이 없다면 교육은 이루어지지 않고 변화는 결코 일어나지 않는다.

지력, 심력, 체력, 자기관리력, 인간관계력을 대상으로 해서 실천할 수 있는 구체적인 커리큘럼은 다음과 같다.

지력을 기르는 5가지 커리큘럼

> 1. 지식 운영 능력 기르기(100/10 학습법, 학문의 9단계)
> 2. 다중 언어 능력 기르기(사고 구조 변환 학습법, 발성 구조 학습법)
> 3. 약점 위주 학습 능력 기르기(약점 목록표 작성법, 개념 심화 학습법)
> 4. 자연세계 이해 능력 기르기(함수화 학습법, 창조적 사고 학습법)
> 5. 진리를 찾을 수 있는 종합적 학습 능력 기르기(질문 학습법,
>   상관관계 도표 작성법)

지력(지식 운영 능력과 다중언어 능력)

여기서 말하는 지력은 참과 거짓을 구별할 수 있는 능력으로 단순한 지식을 넘어서 지식을 운영할 수 있는 능력을 말한다. 100/10 학습원리 등을 통하여 기를 수 있다. 지식 운영 능력을 기르는 실제적인 방법으로는 학문의 9단계가 있다. 이와 병행하여 5차원 독서법의 원리와 독서 치료에 대한 이론과 실제를 공부한다. 독서 능력은 지력 향상에 있어 가장 중요한 도구다. 특히 빠른 이해력을 확보함으로써 독서를 통한 정보의 양을 획기적으로 증대시킬 수 있다. 속해를 위해서 안구 훈련 및 의미 단락으로 읽는 훈련을 체계적으로 익히고, 입수된 지식을 고도화하고 표출할 수 있는 이론과 실제를 공부한다.

지력을 견고히 하기 위해서 외국어를 빼놓을 수 없다. 지식은 언어라는 도구를 통해서 전달되므로 국제적으로 통용되는 언어를 쉽게 익히는 능력을 갖춘다는 것은 지력 향상에 큰 도움이 된다. 이에 각 언어가 갖는

차별성과 다른 언어와의 공통점을 이해함으로써 다른 언어를 익힐 수 있는 지식 운영 방안을 배운다. 각 언어마다의 독특한 사고구조를 파악하는 사고구조 변환학습법을 익히며 동시에 발성구조 변환 학습법을 배운다. 이 속에서 각 언어가 갖고 있는 독특한 성조, 발음, 연음법을 체계적으로 익힌 후 자신의 생각을 효과적으로 표현할 수 있도록 문장을 쉽고 간결하면서도 깊게 표현할 수 있는 방법을 훈련한다.

·········심력을 기르는 5가지 커리큘럼

1. 삶의 목표의식 확립하기(일생고공표 작성, 3분 묵상법)
2. 반응력 기르기(3문 묵상법, 상황적용 훈련법)
3. 풍부한 정서력 기르기(예술 활동 실천)
4. 남 중심의 삶(3분 묵상법, 상황적용 훈련법)
5. 지식의 내면화 능력 기르기(개념 심화 학습법, 질문 학습법, 상황적용 훈련법)

심력(묵상법과 예술활동)

입수된 지식을 내 것으로 만들어(내면화), 보이지 않는 세계를 볼 수 있는 힘을 길러 주는 단계이다. 개념 심화 학습법과 질문 학습법을 통하여 익혀나가며, 3분 묵상을 실시하여 긍정적인 세계관을 갖도록 돕는다. 좌뇌와 우뇌를 조화롭게 발전시키기 위해서 예술활동의 이론과 실제를 체계적으로 익히는 것도 중요하다.

·············체력을 기르는 5가지 커리큘럼

> 1. 5차원 건강관리법 실천하기(심리적 문제 해결, 신체구조 교정법,
>   독소 제거법, 효과적인 식사, 효율적인 시간관리)
> 2. 체력 증진 운동 및 최대 출력 운동 실천하기(체력 증진 운동법,
>   속보 훈련법, 한 가지 스포츠 실천)
> 3. 노동과 휴식 실천하기(주1회 노동 실천하기, 주1회 휴식의 날
>   실천하기)
> 4. 직업관 기르기(직업 관리표 작성)
> 5. 바른 삶을 실천할 수 있는 힘 기르기(실천관리표 작성법)

체력(건강관리와 일, 그리고 실행력)

우리의 건강을 해치는 요인은 심리적, 물리적, 화학적인 다양한 원인이 있다. 그러므로 심한 스트레스를 해소시키고, 왜곡된 몸을 곧고 부드럽게 하고, 바른 음식 섭취에 유의해야 한다. 이를 위해 5가지 운동방식을 익히고 습관화할 수 있도록 한다. 그리고 한 가지 스포츠를 실행할 수 있도록 지도한다.

직업은 생계를 유지하는 수단이기도 하지만, 사회적인 책임과 의무이며, 개인의 행복과 기쁨 등 다양한 가치와 의미를 포함한다. 따라서 바른 직업관을 이해하고 직업의 중요성을 인식할 수 있도록 돕고 자신의 직업관을 정립할 수 있도록 한다.

뿐만 아니라 체력은 곧 자신의 나태함을 이겨낼 수 있는 실행력의 의

미를 지닌다. 생각을 머릿속에만 머무르게 하는 것이 아니라 실천하고 이루어낼 수 있는 증거가 될 수 있도록 익힌다.

•••••••자기관리력을 기르는 5가지 커리큘럼

1. 시간 관리를 통한 자기관리력 기르기(FDD 작성법, 시간 계획표, 일기 쓰기)
2. 재정 관리를 통한 자기관리력 기르기(재정 계획표 작성법)
3. 언어 및 태도 관리를 통한 자기관리력 기르기(언어 관리표 작성, 태도 관리표 작성)
4. 적성관리(적성 관리표 작성)
5. 자기 능력을 가치 있는 곳에 사용할 수 있는 힘(자유 에너지 확장법, 성취감을 느끼는 진정한 적성을 찾는 법, 자아관리력 측정표)

자기관리(시간 · 물질 · 언어 · 태도 관리)

얼마나 많은 에너지를 갖느냐도 중요하지만 이것을 어떻게 사용하는 가에 따라 결과가 다르다. 이에 자신이 확보한 에너지의 사용 방법에 대해서 체계적으로 훈련하는 것이 필요하다. 그중에서 가장 중요한 것이 시간 관리이다. 시간의 양을 늘리고 질을 높이는 방법을 배우며, 효과적인 시간 관리 기법인 5차원 디자인 (Five Dimension Design : FDD) 작성법을 전한다. 시간 이외에 우리가 가진 물질과 언어, 태도에 있어서도 자유에너지 늘리기를 배운다. 우선순위 정하기, 남과 나누기의 기본 원리를 적용한 관리법을 배운다. 특히 태도관리에 있어서는 절제와 온유함의 원리를 중심으로 화평과 사랑의 원리를 이해하도록 한다. 내면의 성찰을 휘한 일기쓰기를 실천한다.

인간관계력을 기르는 5가지 커리큘럼

1. 나를 사랑하는 사람으로 보기(자신의 장단점 분석표, 장단점 변환법)
2. 나의 가족을 사랑하는 사람으로 보기(가족의 장단점 분석표, 가족의 미래 상상 훈련법, 가족에게 편지 쓰기)
3. 나의 친구(동료)를 사랑하는 사람으로 보기(동료의 장단점 분석표, 동료에게 편지 쓰기)
4. 나와 사회의 관계를 바로 보기(사회의 장단점 분석표, 시스템 훈련법)
5. 다이아몬드 칼라의 인간으로 살아가기(5차원 전면교육 적용표 작성하기)

인간관계(나-나의 관계 그리고 섬김의 리더십)

인간관계를 그르치는 가장 큰 원인은 바로 나 자신의 내면에 있는 상처를 치유하지 않고 방치했기 때문이다. 그러므로 나 자신 속에 있는 열등감과 우월감을 없애야 한다. 이를 위해서 누구에게나 있는 장점과 단점이 하나의 특질에서 연유된다는 것을 아는 것이 중요하다. 이에 단점과 장점의 목록표를 작성하고 이 속에서 특질을 찾아내는 훈련을 한다.

진리 속에서 자신의 달란트를 발견하고 이를 극대화하며, 이와 동시에 진정으로 타인을 섬겨 타인의 달란트를 극대화할 수 있도록 돕는 진정한 리더십의 개념을 이해시킨다. 이를 통해 공동체에 대한 개념 이해를 세우고 남을 섬기는 진정한 리더로 설 수 있도록 한다. 타인을 섬기고 이해하는 수단으로 한줄편지 쓰기를 실천하도록 한다.

※이상의 구체적인 커리큘럼은 5차원전면교육연구원(www.diaedu.co.kr) 홈페이지의 5차원전면교육 동영상 강좌나 『5차원 전면교육 학습법』 『달란트 교육 혁명』 『5차원 독서법과 학문의 9단계』 등의 도서를 보면, 보다 자세히 접할 수 있다.

3. 전인격적 인성을 회복하라

빡빡한 계획표로는 성취감을 얻을 수 없다

요즘은 자기주도학습에 관심이 크다. 머리 좋은 사람은 열심히 하는 사람을 따를 수 없고, 열심히 하는 사람은 즐기는 사람을 따를 수 없다는 말이 있다. 우리 아이가 스스로, 열심히, 그것도 즐기면서 공부한다면야 부모로서는 뭘 더 바라겠는가. 자기주도학습은 지금까지 자녀에게 이것저것 열심히 시켜봐도 별 소용이 없었던 부모에게 그야말로 마지막 희망이 아닐 수 없다. 물고기를 잡아주지 말고, 물고기 잡는 법을 가르치라 했듯이 자기주도학습이 근본적인 해결책이 되리라고 기대하는 것도 무리는 아니다.

하지만 여기에는 두 가지 맹점이 있다. 우선은 우리 아이가 진정한 자기주도학습이라는 씨앗을 주었을 때, 좋은 열매를 맺을 수 있는 밭을 가졌는지가 중요하다. 솔직히 밭이 좋은 아이라면 상황이 어떻더라도 이미 좋은 열매를 맺었을 것이다. 즉 지금에 이르러 진정한 자기주도학습만이 대안이 되는 아이라면 밭의 상태에 문제점이 있다고 볼 수 있다.

또 하나의 맹점은 지금 우리가 하고 있는 자기주도학습이 제대로 된 방법이 아니라는 점이다. 자기주도학습이 무엇인가? 흔히들 이렇게 말한다. 스스로 자신의 공부 계획을 세워, 자신에게 맞는 교재를 선택하고, 스스로 실천하고 평가하는 것이 자기주도학습이라고 말이다. 그러면서 우리는 가장 먼저 계획표를 짜게 한다. 그리고 그 계획표대로 실천했는지 못했는지를 체크한다.

물론 그 계획표는 짜임새가 있어야 한다. 학교에서 돌아와 2시간 놀고, 30분 동안 간식 먹고, 숙제 30분 하고, TV 시청 1시간… 이런 식의 계획표는 계획표 축에도 들지 못한다. 수학 2시간, 영어 문법 1시간, 단어 100개 외우기, 숙제 1시간, 독서 1시간… 이처럼 뭔가 공부로 가득 차야만 제대로 한다는 평가를 받는다.

물론 이렇게 공부를 열심히 하는 것이 즐거움인 사람도 있겠지만, 현실적으로는 대부분 그렇지가 않으며, 결정적으로 자기 스스로 짠 계획표로 인하여 성취감을 맛볼 수 있어야 하는데 그렇지 못하다. 그러므로 자기주도학습을 하기 위해 이렇게 빡빡한 계획을 세우고 실천하려고 하지만 그대로 실천하는 것이 쉽지 않다. 그래서 많은 아이들이 '나는 자기주도적으로 해도 결국 안 되는구나'라는 패배감을 갖게 된다.

이러한 패배감으로 자기주도학습의 첫 단추가 채워지다보니 아이들에게는 '자기주도'라는 말마저도 수동적으로 받아들여야 하는 또 하나의 과제로 여겨질 뿐이다. 스스로 공부를 포기하게 만드는 자기주도학습이 진정한 자기주도학습일까? 과연 진정한 자기주도학습은 무엇일까?

전인격적 인성을 바꾸어주는 것이 진정한 자기주도

진정한 자기주도학습이란 자신의 능력을 극대화시키는 길이다. 성적을 높이는 학습법쯤으로 생각한다면 결코 자기주도를 맛볼 수 없다. 앞서 최소량의 법칙에 대하여 언급하면서 한 인간의 능력 발휘는 월등한

한 가지 요소가 아닌 약점에 의해 규정됨을 말한 바 있다. 그런 의미에서 볼 때 자기주도학습을 제대로 시행한다는 것은 지력, 심력, 체력, 자기관리력, 인간관계력 이상의 다섯 가지 전인격적 인성에 있어 나 자신에게 부족한 면이 있다면 회복시켜 자신의 능력을 최대로 발휘할 수 있도록 하는 것이다. 자기주도학습을 한답시고 빡빡한 계획표를 짜고 실천을 체크한다는 것이 얼마나 엉뚱한 실천인지, 그로써 왜 패배감을 맛볼 수밖에 없었는지 자명해진다.

서울의 모 고등학교의 한 학급에서 아침 자율학습 시간 동안 '전인격적 인성교육(지력, 심력, 체력, 자기관리력, 인간관계력)' 을 실시하여 성적향상에 큰 도움이 되었다는 뉴스가 보도된 적이 있다. 원리는 명백하다. 매일매일 인성교육을 하다보면 학생들은 꿈을 갖게 되는데, 꿈을 가진 사람은 공부를 하게 되어 있다는 것이다.

이 사실은 학생들의 뇌파검사를 통해서도 증명되었다. 인성교육 실시 전에 찍은 뇌파와 실시 후의 뇌파를 비교해보면 확연히 다른 점을 발견할 수 있다. 굉장히 불안정적인 초기 뇌파에 비하여 나중의 뇌파는 상당히 안정적으로 자리잡은 것을 확인할 수 있다. 뇌파가 불안정한 상태에서는 공부에 집중할 수가 없는데 이것은 요즘 대부분 학생의 뇌파의 모습이기도 하다.

학교 교육에 있어 매일매일 전인격적 인성교육에 일정 시간을 할애한다는 것은 쉬운 선택은 아니다. 하물며 고등학생을 대상으로 하루에 한 시간씩 인성교육을 한다고 했을 때, 반발이 없었던 것도 아니었다고 한다. 수학 문제 하나라도 더 풀고, 영어 공부할 시간도 부족한 상황에서 매일매일 인성교육을 한다는 것은 대단한 용기임에 틀림이 없다.

전인격적 인성 교육이야말로 우리 앞에 부딪치는 어려움을 극복하고

어떤 상황에서도 행복해질 수 있는 진정한 실력자가 되는 지름길인 것
이다.

•부록• 5차원전면교육의 발자취

1994년 DY학습법 출간	출판 3개월 만에 10만 권 이상 판매되는 호응을 얻은 이 책은 전격적인 훈련을 통해 실력 있는 인간이 된다는 점을 핵심적으로 제시하였다. 이 책은 5차원전면교육의 효시가 되었다.
1996년 중국연변과학기술대학교에 5차원전면교육 실시	원동연 박사가 중국연변과기대 부총장으로 취임하면서 5차원전면교육을 대학교육에 적용하였다. 연변과기대의 성공적인 결과로 중국에 본격적인 학교교육으로 확산되었으며 연길시와 북경의 학교들로 전파되었다.
1997년 몽골교육청에서 5차원전면교육으로 교사연수 실시	몽골 울란바토르 시의 밝은미래종합학교에서 5차원전면교육이 시행되었다. 학력이 매우 낮은 사회소외계층과 길거리 아이들이라고 불리우는 아이들에게 교육한 결과 획기적인 학력향상의 성과가 있었고, 이를 통해 울란바토르 교육청이 몽골 전역으로 5차원전면교육을 확산시키는 계기가 되었다.
1999년 세인고등학교 설립	5차원전면교육을 실시하고 있는 고등학교로 설립 당시에는 대안학교로 출발하였지만, 정식 인가를 받아 엘리트 교육집단으로 성장하였다. 첫해에는 남학생 20명과 여학생 20명이 입학하였는데, 성적이 중하위권이면서 좌절을 겪었지만 꿈을 잃지 않은 학생들이 주대상이었다. 이 학교는 날개가 꺾였던 학생들에게 다시 날아오를 수 있도록 날개를 달아주는 희망의 장소가 되었다.
2001년 동두천중고등학교에 5차원전면교육 실시	동두천중고등학교는 한국의 공교육기관의 틀을 가졌다는 점에서 그 교육 결과는 중요한 의미를 지닌다. 5차원전면교육 실시 후 포항공대 등 우수한 대학에 입학하는 성공적 사례들이 나타났다.

2002년 -몽골국제대학교 (MIU) 설립 -세인고등학교 첫 졸업생 배출	몽골의 바가반디 대통령과의 면담을 통해 MIU가 설립되었으며 몽골의 각종 언론매체에서 특집으로 보도되었다. 세인고등학교는 첫 졸업생의 98%가 대학에 진학하는 쾌거를 올리며, 중앙일보 1면 머리기사로 게재되었다.
2003년 삼성인재개발원, 포스코 임원 등 대기업에 5차원리더십과 영어교육 실시, 전국 교원연수 및 교장연수 실시	삼성인재개발원, 신라호텔, 포스코 임원들을 대상으로 5차원리더십과 영어 세미나를 실시하여 좋은 호응을 얻었으며, 교육 현장에서는 교장자격연수 및 교원연수를 확대하였다.
2004년 서울 · 경기 · 대구 · 전북 · 부산 5차원전면교육협의회 창설	부산을 시작으로 전국의 도와 시에 5차원전면교육협의회가 창설되어 교육현장에 있는 교사들을 위한 교육의 장이 되었다.
2005년 벨국제아카데미 설립	충남 논산시 벌곡에 5차원전면교육의 산실이 되는 벨국제아카데미가 설립되었다. 이 학교는 고등학교 과정으로 기독교 인재 양성을 목표로 한다.
2006년 원동연 박사가 '오늘의 역사'에 수록	'오늘의 역사'는 5차원전면교육운동으로 과학계를 떠났던 원동연 박사에게 큰 영예를 주었다. 1991년 획기적인 연구결과를 달성하여 신소재연구를 발전시킨 공로가 수록되었다.
2008년 영산대학교 · KAIST · 전주대학교 등에서 5차원전면교육 실시	한국과학기술원(KAIST) 어학센터에 5차원전면교육을 실시하였으며, 영산대학교 · 전주대학교 · 청강문화대학 · 목원대학 · 동의대학 등에 5차원영어와 리더십과정이 개설되었다.
2010년 서울시 교육청 자기주도 연수 실시	단국공고의 이호원 선생님은 5차원전면교육을 통한 전인격적 인성교육이 학생들의 학력도 극대화할 수 있다는 연구결과를 발표하였다. MBC 뉴스데스크에서는 이를 교육특집으로 방영하였다. 서울시 교육청 주최로 초 · 중 · 고 110개 학교의 교사에 대한 5차원전면교육을 활용한 자기주도학습 교원연수를 실시하여 5차원전면교육을 학교에 적용 · 시행하였다.

2012년 -탄자니아연합대학교 설립 -교육과학부 지정 국내 최초의 스마트교육 시작 -디아글로벌학교(DGA) 개교	아프리카 대륙 탄자니아에 5차원전면교육을 담당하는 탄자니아연합대학교가 개교하였다. 연평도의 연평고등학교에서 최초의 스마트교육으로서 양방향 온라인 교육을 통한 5차원영어교육을 실시함으로써, 학생들의 영어실력이 향상되는 결과를 내었다. 5차원전면교육의 총 본산으로서 서울 강남구 논현동에 디아글로벌학교(DGA)를 개교하였다. 초등~중학교까지 교육하는 교육기관으로 5차원전면교육의 토대 위에 융합과학 특성화교육을 실시하고 있다.
2013년 인천 서구청 6개 초등학교 실시간 양방향 스마트교육 실시	공촌초, 서곶초, 가석초, 가림초, 봉화초, 석남서초가 참여하였다.

5차원전면교육협회(www.diaedu.co.kr)

5차원전면교육에 대한 전반적인 소개와 함께 5차원전면교육의 지력, 심력, 체력, 자기관리력, 인간관계력을 훈련하는 다양한 프로그램을 접할 수 있다.

뿐만 아니라 '5차원전면교육' 동영상 강좌 등 다양한 강좌를 통해 5차원전면교육에 대한 보다 심도 깊은 이해를 돕고 있다. 또한 전국의 교원연수와 학부모연수를 주관하고 있다.

전화 02-3448-5338 팩스 02-3448-5339

*5차원전면교육협회를 통해 학부모연수를 신청할 수 있습니다.

5차원전면교육 관련 도서

《5차원 전면교육학습법》(김영사)

《5차원 독서법과 학문의 9단계》(김영사)

《달란트 교육 혁명》(두란노)

《5차원 영어학습법》(김영사)

《5차원 독서치료》(김영사)

《부모와 함께하는 내아이 영재수업》(김영사)

《대한민국 수학교과서》(김영사)

《5차원 중국어 학습법》(김영사)

5차원전면교육 관련 동영상

DAUM(다음)이나 NAVER(네이버) 또는 Youtube(유투브) 검색창에
원동연박사, 5차원전면교육 등으로 검색하시면 다양한 동영상을 보실
수 있습니다.

5차원 글로벌 창의 & 융합 아카데미

글로벌스쿨

대상 : 초 · 중 · 고등학교 그룹

적용 : 방과후 학교

기간 : 언어과정 2학기, 독서 및 논술과정 1학기, 융합과정 1학기

적용초등학교 : 공촌초, 서곶초, 가석초, 가림초, 봉화초, 석남서초,

　　　　경인교육대학교부설초, 연평초, 개웅초

적용중학교 : 거창중, 서울사대부설여중, 상경중, 동두천중

적용고등학교 : 연평고, 정석항공과학고, 염광메디텍고

패밀리스쿨

대상 : 학부모(학생포함) 또는 학교 선생님 그룹

적용 : 각 가정 및 직장에서의 자기주도학습

기간 : 언어과정 2학기, 독서 및 논술과정 1학기, 융합과정 1학기

서울지역 : 서울사대부설여중학부모그룹, 왕성교회학부모그룹,

　　　　YBM애플트리학부모그룹

경기지역 : 안양교사그룹

인천지역 : 인천교사그룹, 인천평생교육원그룹,

　　　인천경인교대부설초등학교 학부모그룹

강원도지역 : 강릉가정그룹(부모/자녀), 삼척가정그룹(부모/자녀),

　　　임곡초등학교그룹(선생님/학생)

부산지역 : 유치원선생님그룹, 초등학교선생님그룹,

　　　중학교선생님그룹, 고등학교선생님그룹, 가정그룹(부모/자녀)

리더십스쿨

대상 : 공공기관 및 단체

적용 : 집합 및 화상 수업

기간 : 언어과정 2학기, 5차원독서과정 1학기, 융합과정 1학기

학부모리더십연수 : 인천서구관내초등학교, 우촌초, 금천초,

　　　인천경인교육대학부설초, 삼성초, 진도초, 전농중, 상경중,

　　　불암중, 서울사대부설여중, 영락중, 숭실중, 계원중, 창동중,

　　　동두천중

교원리더십연수 : 인천연수원, 부산연수원, 경남연수원,

　　　서울연수원, 전북연수원, 대구연수원, 경기연수원,

　　　강원연수원, 경북연수원, 충남연수원

대학교리더십연수 : 청강문화산업대학, 카이스트, 목원대학,

　　　영산대학, 전주대학, 군산대학, 제주한라대학

국내기관리더십연수 : 삼성인재개발원, 현대인재개발원, 포스코,

　　　신라호텔

단체리더십연수 : 코어콘텐츠미디어(연예기획사),

동숭교회달란트학교, 용인성심교회달란트학교,
서울왕성교회달란트학교, 경주제일교회달란트학교

해외기관리더십연수 : 몽골국제대학, 라오스국립대학,
중국연변과학기술대학, 탄자니아연합대학, 티벳5차원기술학교

교육 방법은 온라인 실시간 양방향 교육으로 진행된다

5차원전면교육협회에서는 피교육자에게 보다 지속적인 교육을 펼쳐, 보다 실질적인 교육 효과를 끌어냄과 동시에 지역적·시간적 한계를 탈피하기 위해서 온라인을 통한 실시간 양방향 교육을 실시하고 있다. 이는 피교육자의 반응을 바로 알 수 있다는 점과, 개인적으로 꾸준히 학습하기 어려운 한계를 벗어날 수 있도록 지속적으로 이끌어줌으로써 교육 효과가 높다.

교육 내용은 언어과정, 독서과정, 융합과정으로 이루어진다

교육 내용은 1차 언어과정, 2차 독서과정, 3차 융합과정으로 이루어진다.

1차 언어과정에서는 5차원영어교육으로 영어를 익히게 된다. 먼저 영어식 사고체계를 익힌 다음 영작과 스피킹으로 이어지며, 단순히 영어의 기능을 배우는 것을 넘어 자신의 생각을 모국어가 아닌 다른 언어로 표현할 수 있도록 하는 데에 큰 의미가 있다.

2차 독서과정을 통해서는 올바른 독서법과 정확한 글 읽는 방법을 익

힐 수 있도록 돕는다. 이 과정을 통해 최소 2배 이상의 독서 능력 향상을 기대할 수 있다. 단순한 속독이 아닌 속해를 가능하게 하여 정보량의 확대뿐 아니라 핵심을 정확히 파악할 수 있도록 한다.

3차 융합과정은 지식운용 능력을 극대화하는 과정으로 5차원전면교육법 중 학문의 9단계를 적용하여 진행된다. 정보의 입수, 내면화, 표출 과정을 통해 사고의 지적 프레임의 확대를 돕는다.

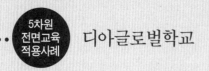

디아글로벌학교

디아글로벌학교(DIA Global Academy, 이하 DGA)는 5차원전면교육의 토대 위에 융합과학 특성화 교육을 실시하는 도심형 대안학교이다. 현재 초등학교와 중학교 과정이 진행되고 있다.

5차원전면교육과 창의융합글로벌교육

DGA의 교육 프로그램들은 지력, 심력, 체력의 고른 발달과 함께 자기관리 능력과 인간관계의 올바른 개발을 목표로 하고 있다. 여기에 자연과학 인문과학 사회과학을 통합한 융합과학교육과 글로벌커뮤니케이션교육을 더하여 자신의 달란트를 극대화하는 힘을 키우는 데에 중점을 두고 있다.

창의적 융합인재를 키운다

DGA는 탄탄한 실력과 함께 창의력을 꽃피울 수 있는 교육을 지향한다. 창의력은 경험된 지식과 융합된 사고 위에 세워지는 실제적인 문제 해결 능력이며, 안정된 정서와 세계관 속에서 빚어지는 재창조 능력이다. 창의력은 단순한 상상력을 뛰어넘어 미래 시대를 이끌어갈 위대한 능력이라 할 수 있다.

이에 DGA가 지향하는 창의적 융합인재는 지식뿐만 아니라 상상력과 예술적 감성까지를 아우르는 융합적 사고력을 갖추고, 복잡한 문제를 창의적으로 해결하며, 동시에 다른 사람을 배려하고 소통할 수 있는 인재를 말한다.

홈페이지 http://dgacademy.kr

전화 02-542-4455

부모와 아이의 마음을 열어주는 자녀교육서

5차원 부모 교육 혁명
원동연 지음 / 157면 / 12,500원
가정의 회복이 교육의 열쇠다. 관계를 잃으면 모든 것을 잃는 것과 같다.

수학 100점 엄마가 만든다 중국·대만 번역 출간
송재환 김충경 손정화 지음 / 320면 / 12,000원
선생님이 말해주는 엄마표 수학 지도법.
내 아이의 수준을 가늠할 수 있는 안목을 갖도록 초등 수학에 대한 전체적인 흐름을 제시해주고
구체적인 체크 포인트를 짚어준다.

수학 100점 엄마가 만든다 개념원리편 중국·대만 번역 출간
송재환 지음 / 252면 / 12,000원
선생님이 말해주는 엄마표 수학 지도법.
수학 개념 원리에 대한 탄탄한 설명과 조작 활동 중심의 지도 노하우를 담고 있다.

초등 공부 불변의 법칙 중국·대만 번역 출간
송재환 지음 / 252면 / 12,000원
초등공부를 지배하는 21가지 숨은 원리를 담은 책.
공부는 무조건 열심히 하는 것이 아니라, '어떻게' 열심히 하는지가 중요하다.
공부를 어떻게 시켜야 할지 몰라 갈팡질팡하는 부모들에게 실용적인 공부비법을 전수한다.

교사들의 자녀교육법
김범준 지음 / 264면 / 13,000원
교육경력 30년 교사들이 실천해온 아이 잘 키우는 법을 담고 있는 책.
교사에게는 너무나 당연하지만 학부모에게는 막막했던 것들에 대한 시원한 답변을 통해
본질적인 자녀교육, 시행착오를 줄여주는 자녀교육이 되도록 돕는다.

나는 대한민국의 행복한 교사다
이영미 지음 / 254면 / 13,000원
교사가 먼저 바뀌어야 하는 까닭과 이 변화가 곧 교사와 학생 모두의 행복을 위한 시작임을 전한다.
교직에 회의를 품었던 한 교사가 25년 간의 시행착오 속에서 깨달은 진짜 소통의 의미.

공부의 즐거움을 맛보게 하라
이영미 지음 / 212면 / 9,800원
중고등학교 과학교사인 엄마가 늦둥이 둘째를 키운 노하우로 '진짜 내공 있는 아이'로 키우기 위한
조언을 담은 책. 학교생활과 공부법, 인성교육, 체험학습, 학부모 마음가짐 등으로 구성되어 있으며
효율적으로 아이의 잠재력을 키워줄 수 있다는 희망을 준다.

타산지석 시리즈

"여행보다 더 재미있고 더 리얼하다."
"여행은 보이지 않는 지도에서 시작된다."

세계 여러 나라의 사람들과 문화를 이해하기 위한 보이지 않는 세계 지도.
단순한 체험기가 아니라 그 문화를 진정으로 체험한 사람의 경험을 통해 나오는
날카로운 철학과 통찰.

❶영국 바꾸지 않아도 행복한 나라 이식 · 전원경 지음 / 360면 / 컬러 / 13,900원

❷그리스 고대로의 초대, 신화와 역사를 따라가는 길 유재원 지음 / 280면 / 컬러 / 17,900원

❸중국 당당한 실리의 나라 손현주 지음 / 352면 / 컬러 / 13,900원

❹터키 신화와 성서의 무대, 이슬람이 숨쉬는 땅 이희철 지음 / 352면 / 컬러 / 15,900원

❺러시아 상상할 수 없었던 아름다움과 예술의 나라 이길주 외 지음 / 320면 / 컬러 / 14,500원

❻히타이트 점토판 속으로 사라졌던 인류의 역사 이희철 지음 / 244면 / 컬러 / 15,900원

❼이스탄불 세계사의 축소판, 인류 문명의 박물관 이희철 지음 / 224면 / 컬러 / 14,500원

❽독일 내면의 여백이 아름다운 나라 장미영 · 최명원 지음 / 256면 / 컬러/ 12,900원

❾이스라엘 평화가 사라져버린 5,000년 성서의 나라 김종철 지음 / 350면 / 컬러 / 15,900원

❿런던 숨어 있는 보석을 찾아서 전원경 지음 / 360면 / 컬러 / 15,900원

⓫미국 명백한 운명인가, 독선과 착각인가 최승은 · 김정명 지음 / 348면 / 컬러 / 15,000원

⓬단순하고 소박한 삶 아미쉬로부터 배운다 임세근 지음 / 316면 / 컬러 / 15,900원

⓭이스라엘에는 예수가 없다 유대인의 힘은 어디서 비롯되는가 김종철 지음 /224면/컬러/14,500원

⓮유리벽 안에서 행복한 나라 싱가포르가 이룬 부와 교육의 비밀 이순미 지음 /232면/컬러/13,900원

⓯한호림의 진짜 캐나다 이야기 본질을 추구하니 행복할 수밖에 한호림 지음 /352면/컬러/15,900원

⓰몽마르트르를 걷다 삶이 아플 때 사랑을 잃었을 때 최내경 지음 /232면/컬러/13,500원

⓱커튼 뒤에서 엿보는 영국신사 소심하고 까칠한 영국 사람 만나기 이순미 지음 /296면/컬러/13,900원

⓲왜 스페인은 끌리는가 자유로운 영혼, 스페인의 정체성을 만나다 안영옥 지음 /304면/컬러/18,900원

⓳대만 거대한 역사를 품은 작은 행복의 나라 최창근 지음 /304면/컬러/19,800원

⓴타이베이 소박하고 느긋한 행복의 도시 최창근 지음 /304면/컬러/17,900원

※ 타산지석 시리즈는 계속 발간됩니다.

일본의 박완서 '소노 아야코' 컬렉션

나는 이렇게 나이들고 싶다 소노 아야코의 계로록戒老録
소노 아야코 지음 / 오경순 옮김 / 288면 / 12,000원
농익은 내면의 휴식기인 노년에 보다 가치 있는 삶과 행복을 영위하기 위해 중년부터 어떠한 마음가짐과
준비를 해야 하는지 말해주는 책.

마흔이후 나의 가치를 발견하다
소노 아야코 지음 / 오경순 옮김 / 256면 / 13,000원
정체된 듯한 중년의 모습을 되돌아보게 하고, 마음 한구석에 중년 이후의 삶에 대한 기대를 품게 만드는 책.

사람으로부터 편안해지는 법 소노 아야코의 경우록敬友録
소노 아야코 지음 / 오경순 옮김 / 296면 / 9,800원
타인을 미워하지 않고도 사람으로부터 받은 상처를 극복할 수 있도록 도와주는 책.

긍정적으로 사는 즐거움
소노 아야코 지음 / 오유리 옮김 / 276면 / 8,800원
지금까지 상처받았다고 생각해온 것들에 대한 가치관의 반전과 인생의 본질을 꿰뚫는 지혜를 전하는 책.

세상의 그늘에서 행복을 보다
소노 아야코 지음 / 오경순 옮김 / 212면 / 8,800원 청소년추천도서
오랜 작가생활과 NGO 활동으로 전세계 100여국을 방문하고 여행해온 저자가
빈곤, 기아, 질병이 곧 삶인 오지인들의 모습을 통해 그동안 너무나 당연해서 제대로 느낄 수 없었던
행복의 원점과 인생의 본질을 되돌아보게 하는 책.

착한 사람은 왜 주위 사람을 불행하게 하는가 위선으로부터 편안해지는 법
소노 아야코 지음 / 오근영 옮김 / 176면 / 9,800원
무난한 인간관계를 위해 우리의 의식에 잠재되어 있는 착한 사람에 대한 강박증이 초래한 불편함과 비본질성
을 꼬집는 책. 보다 자연스럽고 편안한 인간관계를 위해 우리가 취해야 할 것과 버려야 할 것을 깨닫게 한다.

빈곤의 광경 NGO와 빈곤에 관한 가장 리얼한 보고서
소노 아야코 지음 / 오근영 옮김 / 206면 / 9,800원
인간으로서 존엄은커녕 쓰레기 취급을 당하다 굶어 죽어가는 사람들이 공존하고 있다는 사실.
단순한 도움의 대상을 넘어, NGO 감사관의 눈에 비친 빈곤국의 국가 시스템적 모순들과
오랜 굶주림이 낳은 외적, 정신적 폐해들을 낱낱이 보여준다.

죽음이 삶에게
소노 아야코 · 알폰스 데켄 지음 / 김욱 옮김 / 256면 / 14,000원
죽음을 통해서 시간의 귀중함, 사랑과 삶의 진실한 의미를 가르쳐주는 책.
소노 아야코와 생사학(生死學)의 대가 알폰스 데켄 신부가 편지글로 나눈 삶의 가치와 죽음의 본질.

간소한 삶, 아름다운 나이듦
소노 아야코 지음 / 김욱 옮김 / 168면 / 12,000원
나이듦의 진정한 가치를 전하고, 만년의 미학에 대해 이야기한다.